愛着障害児との
つきあい方

特別支援学校教員チームとの実践

大橋良枝

はじめに

　ある特別支援学校での講演に演者として呼んでいただいた。だいぶ電車に揺られて、たどり着いた風景は私の産まれた村を思い起こさせるほどだった。こんなのどかな場所でも知的障害特別支援学校の現場で、教師たちにとって難しい子どもが増えているという。この日呼ばれたのは、難しい子どもたちを成長させる方法を語ってほしいと、大変丁寧なお誘いを受けた講演会であった。とても暑い夏の日だったが、会場は満員だった。教師という人たちがこんなに熱心な人たちだと知っている人がどれだけいるのだろうか。あるいは、この熱心さは、今、難しさを抱えている特別支援の場にいる教師たちだからなのか。

　講演を始める際の挨拶の中で私は、自分の父方祖母の話を始めた。大正生まれの彼女はまだ当時珍しかった「女性校長」にまでなった人だった。そして教師の仕事に誇りを持っていた。96歳になってもなお、教育の話になると急にシャンとする。教職が頭のてっぺんから足の先まで染みついている人なのである。そんな祖母の初孫だった私は、祖母をかっこいいと思って育った。教師という仕事は価値のある仕事だと疑うことはなかった。もちろん、私が子ども時代を過ごした学校にはいろいろな先生がいたが、その思いが揺らぐことはけっしてなかった。そんな個人的な話をしながら、私は教師という職業の人たちの持っている情熱がプライドや喜びにつながっていく助けをしたいのだ、と伝えた。

　私がリスペクトを持っていることが伝わったのか、私の講演に参加した先生たちは熱心に聞き入ってくれた。そして、いくつもの質問が挙がった。私の思いが伝わっていることを感じて、心に豊かな湧水が溢れるような感覚を得た。

「愛着障害というのは，親が悪いということではない，ということですか？」
「発達障害は二次障害的な部分もあるんですか？」

　このような質問が出る背景には，誰かあるいは何かを悪者にしていたら結局誰かが被害者になる悪循環から抜けようと試行錯誤する苦労があったに違いない。私は先生方が絡めとられるような複雑な連鎖の中で苦しみ，また，それを断ち切ろうと声をあげている，その「主体性」と対話しようと試みた。
　講演の中で例示したケースと同じような子どもたちがいて，自分がやってきたことが良かったんだと思えて安心した，と涙ぐんで語ってくれる先生たちがたくさんいた。相談したいケースがある，と言ってくれた先生たちもたくさんいた。おそらく，講演を聞きながら，先生方は日々向き合っている子どもたちのことを心に思い浮かべていたのだろう。そのような時間をゆっくり持ったことだけで，きっと状況は前進するだろう（その理由は本書の中にある「夢想」についての部分を読んで考えてみてほしい）。
　講演に行けるのはせいぜい年に10回といったところだろうか。しかしもし，私のまとめた理論や研究が，日々現場で四苦八苦している先生たちに役に立つならば，届けたいと思う。この本を通して，苦しんでいる先生には，1人ではないことを伝えたいと思う。苦しんでいる先生が周りにいる人たちには，彼らを1人にしない勇気を分かち合いたいと思う。そして，苦しんでいる先生だからこそ，子どもたちの保護者と敵対するのではなく，子どもを育てる「同志」になれる可能性があるのだと感じられるほどに，心を緩めてもらえれば嬉しい。

序　章

　この本を手に取った方の多くは，愛着障害，あるいは，昨今増加している暴力的な子どもたちについて，知識を得て安心したいと思っている人たちだろう。もし，愛着障害がどういった病気であるのか，とか，どういった医学的な援助が必要なのか，といったことをお知りになりたいのであれば，おそらくこの本はあまりお役に立てない。本書は目の前にいるその難しい子どもに対し，忍耐強くかかわるための安心感を得たい読者の方々に，微力ながらも何かお伝えできればという願いを込めて執筆されたものである。

　というのも，筆者には「発達障害」あるいは「愛着障害」という言葉が大人（親，祖父母，教師，心理士など，子どもを取り囲む大人）から発せられる「力動」に10数年来関心を持ってきた背景がある。その中でも特に，そういった診断名が，その子どもに適切な環境を与えるために用いられるのではなく，むしろ，子どもにかかわる無力感や，忍耐力あるいは安全感のなさゆえに，防衛的に使われることがあるのは，大変胸の痛むことだと思ってきた。

　私は「愛着障害」という言葉がそのように使われたまま，本書で読まれることを懸念している。「愛着障害を育ててしまうような」養育者だとか「愛着障害を患っているために手がかかる」子どもたちというレッテルを強化したり，あるいはそれ以上彼らについて考えることを止めるための道具として「愛着障害」という言葉が使われるようなことがあるとすれば，それは最も避けたいことである。

　不必要に，あるいは，間違ったレッテルを貼られることは子どもにとって悲劇である。私は過去にそのような経験をして成人した者の心理療法をおこなった経験があるが，それは被虐体験のある成人の心理療法と非常に似たものであった。

一方，問題のレッテルを貼らずにはいられない無力感を抱えた大人に対しても思いを馳せる必要があると気づいたのは，ずいぶん経ってからであった。そして，本書は，育ちの過程の中でかかわりの難しい子どもに育ってしまった子どもに無力感を抱えた教師たちに思いを馳せたものである。

　本書に描かれるのは，育ちの過程で傷を負っているがゆえに皆が逃げ出したくなるほど暴力的でしかいられない知的障害を持つ子どもたちと，悩み戸惑い，倒れそうになりながらそれでも子どもから逃げなかった教師たちの成長の姿である。子どもたちを確かに変化させ成長させてきた教師たちの取り組みから見えてきた事実を風化させないようにまとめたことを，ここに強調しておきたい。

　知識が考えることの放棄に加担しないように，知識が現実の中で忍耐強く生きる支えになるように。これが本書を貫くテーマである。

本書の構成

　知的障害特別支援学校の中でかかわりの難しい子どもが増加し，その対応のために教師が疲弊している状況に対して臨床心理学的な介入を試みた筆者の思考過程に沿って本書は構成されている。読者には是非，筆者がこの数年辿った試行錯誤とそれに伴う思考の変遷に並走する感覚で読み進めていただければと思っている。

　第1章では，本書に描かれる一連の研究の契機となった2人の子どもとその担任教師たちを紹介し，筆者が愛着の問題に目を向けるようになっていった経緯を示したい。第1章と第2章は事例を理解するために精神分析的な理論がかなり出てくるが，なるべく精神分析になじみがない方でも理解できるように噛み砕いたつもりである。もし理解が難しいと感じられた場合は，そのまま読み進めてもらっても構わない。特に第2章では，本研究を進めていく上で中心的な仮説となるEMADIS愛着障害児対応教育モデル（Educational Model for Attachment Disorders in Special-needs School）を提示しているので，そちらの図を何となく理解してもらえれば幸いである。

第3章では，EMADISで説明できない事例を分析し，EMADISで特に触れられていない教師の態度といった教師側の要因——つまり，どういう教師の心理状態がこういった子どもたちとのかかわりを良いものとできない悪循環を導いているのか——を示した。

　ここまでは少数の事例を深く検討することでモデルの整備を進めている。実は第1章から第3章までの間で時間は3年以上経過しており，その間，ここに出てくる以外の子どもや教師たちにたくさん出会い，介入を試みてきていた。あるいは数多くの講演を行い，私の研究に対する現場からのフィードバックも広く得ることができた。そのような中で，EMADISを伝える上で，情動の発達と怒り／攻撃性については丁寧に説明する必要があることを感じるようになった。それらについて，第4，5章で示そうと思う。

　こういった決して短くない年月の試行錯誤を経て，筆者の周囲には，本書で示す愛着障害児と言われるかかわりの難しい子どもたちとの関係に疲弊し，精神的にもダウンしたものの再び立ち上がり，子どもたちとの関係を修復させ，さらに子どもを（あるいは自身も）成長させた11人の教師が研究協力に名乗りをあげてくださった。彼らの声をまとめ，教師がダウンしてもなお立ち上がるプロセスを詳細に描いたのが第6章である。

　そして，第7章では改めて第1，2章に挙げた子どもの変化過程にかかわる疑問に取り組む。非常に困難な状況に置かれた教師集団と，非常にかかわりの難しい子どもが，まるで魔法のように（本当にその時は魔法のように感じたものだった）変化した事例で起きたことを徹底的に理解したいと思ったのは，実は本書に描かれる一連の研究を行った動機でもあった。改めてその事例を深く検討し，1つの結論を導く。

　最後の第8章は，教師たちのその後の生活について触れた。教師たちがどんな工夫をしているか，一度うまくいってもまたうまくいかなくなることがどんなふうに起きるか，あるいは，教師たちが日々の子どもたちや保護者とのかかわりで，どんな心情を体験するのか，短いが生き生きと描いたつもりである。

なお本書は，JSPS科研費 JP17K18664 の助成および平成 29 年度文教協会研究助成を受けて実施された一連の研究に基づいて描かれている。本書執筆に至るすべての研究プロセスにおいてご意見をくださった教師の方々に心からお礼を申し上げたい。

　また，すでに伝わり始めているのではないかと思うが，本書は，私がともに試行錯誤のプロセスを歩んだすべての教師の方々への感謝と敬意，そして愛情に支えられて執筆している。そして，本書がまだ見ぬ同士たちへの勇気，安心，忍耐に繋がることを心から願っている。

目 次

はじめに 3
序 章 5

第1章 巻き込む子どもと巻き込まれる教師 ———— 15
特別支援の現場で起きていること 15
筆者を研究に駆り立てた事例 16
〈事例1〉 17
〈事例2〉 19
事例の理解 23
理論検討 25
[コラム] 組織分析とコンサルテーション 41

第2章 巻き込みの場と育ちの場 ———— 45
怒りの蓄積 45
教師の孤立とその解釈法の検討 48
相違点に見える検討ポイント：残った謎 50
愛着障害児対応教育モデル
　（EMADIS：Educational Model for Attachment Disorders） 52
[コラム] 自分を責めるこころ，人を責めるこころ：超自我と無責任 56

第3章 教師たちの見た世界：孤立無援状態から自信を取り戻すまで —— 59

教師の側の要因　59
〈事例3〉　61
分析結果　62
主体性の回復と展開　68
EMADIS再考：孤立と主体性　78
「頼らない／頼れない」教師文化の中での運用　79
改めて教師側の要因について考える　81
[コラム] 見通しを立てるということ　83

第4章 情動の発達：安全と冒険 —— 87

情動とは　88
愛着理論再び　90
情動分化の促進　94
教育現場と情動発達　97
事例の紹介　98

第5章 怒りの力 —— 101

怒りと攻撃性の関係　103
EMADISにおける攻撃性と怒り　105
EMADISを用いる教師と心理士に向けて　107
[コラム] こころの安全な空間と体：心的安全空間理論　110

第6章　教師たちの葛藤と成長の軌跡 ———————— 113
　　　研究へつなげる　114
　　　分析結果　117
　　　ストーリーライン　123
　　　プロセスの説明　126
　　　まとめ　144
　　　[コラム] 心的等価モード　146

第7章　改めてナオミさんの変化は何だったのか ———— 149
　　　長年にわたる「ツカエ」　149
　　　〈事例4〉　151
　　　事例の分析　157
　　　[コラム] 悪者になる母親たち　167

第8章　その後の話：みなさんに伝えたい書き残していること
　　　———————————————————————— 171
　　　澤先生のその後　171
　　　田原先生のその後　175
　　　教師支援から保護者支援へ　179

　　　おわりに　183
　　　参考文献　185

愛着障害児とのつきあい方

特別支援学校教員チームとの実践

第1章
巻き込む子どもと巻き込まれる教師

特別支援の現場で起きていること

　筆者は知的障害特別支援学校において，平成24年より臨床心理学を専門とする立場からの支援活動を継続してきた。そして特にここ数年，1人の教師をターゲットとして執拗なしがみつきを見せたり，暴力行為や逃走によって教師を振り回したりする，難しい児童生徒が急増したのを実感している。そして今では，こういった児童生徒への対応や，彼らとのかかわりの中で疲弊した「教師自身」の気持ちについての相談がほとんどとなった。
　この疲弊している教師たちは共通の奇妙な体験をしていた。「ある児童のことが気にかかって仕方ないのに，同時に本当に嫌いだと感じてしまい，そんな自分にもまた嫌悪する」「普段は穏やかな自分なのに，こんなに怒りを感じさせられて当惑する」など，怒りをコントロールできない戸惑いの声や，「この生徒のことが目に入っていなかったのか，この子のことが全く思い出せないのに驚く」「気づいたらほとんど手をかけずに小学部の4年間が経ち，思春期を迎えて暴発が起きた」など，考えられないような無視をしていたことを指摘され愕然とするという声が彼らの多くから聞かれたのである。さらに子どもへの対応をめぐって教師間のいざこざに繋がるケースも多々あった。また教師たちは，「家に帰ってからも，休みの日も，ずっと難しい子どものこと

を考えてしまって，悶々としている」など，学校での時間のみならず，生活の全領域に影響を受けるような体験をしており，その体験は自分の能力を無効にされるような感覚を伴うものであった。そしてどうやらこのような現象は，私がかかわっている学校に特異的なものではなく，あちらこちらの知的障害特別支援学校において見られるようになってきたものであることを後に知るようになる。

　いずれにせよ，筆者もまた変化の荒波の中に巻き込まれているような気持でいた。筆者は特別支援教育の専門家でない。そのため，法令や特別支援の構造についても教師たちに教えてもらったり自分で調べたりしながら，同時に目の前の教師たちや子どもたちに対してまさに試行錯誤の臨床心理的援助を行っていた。そのような中で，難しい児童生徒が急激に落ち着いたり，成長を見せたりするような事例に数多く出会った。また，同じように介入しながらも，なかなかうまくいかない事例や，介入仮説とは全く異なる形で良い変化を見せる事例とも出会った。

　筆者はこれらの事例に対して個別に対応しながら，この現象を説明し臨床的介入の指針を明確にしてくれる理論モデルを構築する手がかりを探していた。そして5年ほどの試行錯誤を経て，一連の研究を通じて知的障害特別支援学校の教師たちが対応に困難を感じている，昨今増加したタイプの児童生徒たちとの間に生じる状態を説明し，臨床的介入の指針となる理論モデルを構築することを目指すことにしたのである。

筆者を研究に駆り立てた事例

　もちろん，何の見込みもなく研究など始めるはずがない。研究を行っていこうと思ったきっかけとなった出来事があったのである。それは2つの事例との出会いであった。

　この事例は，ある知的障害特別支援学校に彼らが転入した直後から，筆者が臨床心理学的仮説に基づいて介入し問題が解消した事例であったが，それ

表1.1 提示事例

	事例1	事例2
問題状況にかかわる生徒	ハルト君（中1。中学入学を契機に特別支援学級から特別支援学校へ） 父親から母親へのDVが，ハルト君の目の前で行われていた。 太田ステージ評価（太田ら，1992）でステージVを越える。 広汎性発達障害の診断あり。	ナオミさん（中1。小6から特別支援学校に転入） 実母によるナオミさんの兄への重篤な身体的虐待のため，ナオミさん自身も生後間もなく乳児期に保護。以後，施設にて生活。 太田ステージ評価IVの後期。 反応性愛着障害の診断あり。
問題状況に主にかかわる教師	担任柳沢先生（男性　30代後半） 学校全体の生徒指導を担当。	担任澤先生（女性　50代） 副担任本田先生・大久保先生（男性　20代）

以上に，彼らがとても素敵な生徒となって卒業していったという意味においても，また，彼らを担当した教師たちが非常に成長したと感じられたという点においても，筆者の研究への動機を高めるものであった。

早速，ここに2つの事例を紹介しよう。また事例の記述については，内容が損なわれない程度の修正をした上で，表1.1に呈示されている生徒の保護者，教師本人に加え，当該特別支援学校校長，当該校所属の特別支援教育コーディネーターによるチェックを受け，許可を受けて掲載している。もちろん名前は仮名である。

〈事例1〉

介入前の問題状況　転入したばかりのハルト君は，教師やほかの生徒と接触があると突然暴言を浴びせて恫喝し，逃げ去る特徴があった。走って学外に逃げようとすることも多々あり，安全上の配慮から追いかけて制しなくてはならない教師たちは大変振り回されていた。学年で共有されたハルト君に対する支援方針は，「学校にいられるようにすることを目指す」というもの

で，授業中にクラスにいられないことはやむを得ないものとし，彼が学校に安心感を持てることを目指そうとの合意があった。

彼が安心できるように，事故に遭わないように，と同じ男性である柳沢先生が常にハルト君に付くようになった。教室に入れないハルト君に付き添って学内を散歩し，逃げ出すハルト君を追いかけるという日常の中で，結果的に柳沢先生は，ハルト君といつも2人きりになっていた。

そして一緒にいる間，柳沢先生はハルト君からの度重なる被害妄想的な暴言を浴びせられていた。例えば，「どうせ俺なんかこの学校にいて迷惑だって思ってんだろうが！　偽善者！」などである。ハルト君入学後2カ月が経ち，コーディネーターからの勧めで柳沢先生と筆者（以下，心理士）の面談が行われた。この柳沢先生との初めての話し合いの場には心理士のほかに，もう1人の担任教師，3人の同学年担任，学校内のコーディネーターが集まった。

柳沢先生の訴えは，支援方針に反するのは承知しているが，やはり教室にいさせるべきではないか，もっと叱ったほうがいいのではないか，という内容で，これを心理士に訴えながら，顔は紅潮し，明らかに怒っていた。その訴えの背後にある動機を聞いていくと，ほかの学年の先生方におかしいと思われる，自分としても甘やかしになっているのではないかと感じる，という思いが語られた。この怒りの滲んだ柳沢先生の訴えに他の先生たちは驚いた様子ではあったが，黙ってその様子を見守っていた。

介入の実際　心理士はまず，柳沢先生の怒りの強さと，「べき論」を盾にして，ハルト君に攻撃しようとする意図を正当化しようとしている（コラム「自分を責めるこころ，人を責めるこころ：超自我と無責任」(p.56) 参照）点において，冷静な判断や思考の力が失われていることに着目した。また，ハルト君について発達障害診断とは別に，成育歴に由来すると思われる被害妄想の強さや，柳沢先生を結果的に囲い込んでいる点が重要な問題であると感じた。そして，柳沢先生の怒りや冷静な判断や思考の力が失われているのは，ハルト君との2人きり，という閉鎖された関係性の中でストレスを受けたことに由来するのだろうと考えた。また柳沢先生がこの怒りを語り尽くすこと

ができれば，精神の状態が良くなるのではないかとも考えた。

そこで心理士は，柳沢先生が怒りを積極的に語るのを促していった。柳沢先生は30分近く留まることなく怒りの気持ちを，実際に怒りながら語った。そこにいる先生たちは真剣にその話を聞いていた。

介入結果 柳沢先生は怒りを語っていく中で，「教師なのに，子どもを憎く思うなんて，教師失格なのではないか」と感じながらも，ハルト君のことを憎々しく思ってしまうという葛藤を持っていることや，「あんなに2人きりでいるのに，担任のクラスもほかの先生に任せきりなのに，全然ハルト君が変わらないって思われているだろうし」と，周りから自分がきちんとやっていないからハルト君の適応が進まないのだと思われているのではないか，ひいては，生徒指導担当なのに何をやっているんだと思われやしないかという心配に苛まれていたことを語り始めた。

それに対して，黙って話を聞いていた同じ学年の教師たちは，「そんなことはない。あんなに罵倒されたら誰だって腹が立つ」と応じた。そして，「今まで任せきりでごめんね」という声も聴かれた。

すると柳沢先生は，「そうなんです，俺はとても怒っているんです！」と応じ，「軽くなりました」と爽やかに笑った。すると，翌日から柳沢先生の様子は一変した。聞いてみると，ハルト君と過ごす時に「ハルト君の暴言を聞き流せるようになった」とのことであった。またその話し合いをきっかけに，同学年担任団が柳沢先生を気に留め，声をかけることが増えた。

〈事例2〉

介入前の問題状況 ナオミさんの暴力的な態度にほかの生徒たちが怯えている，本田先生の前任者はナオミさんを担任した直後に休職してしまい，その後，澤先生が体中痣だらけになるほど暴力を受け，抑うつ状態となっている，介入してほしい，との依頼を教頭から受けた心理士は，ナオミさんの観察に向かった。心理士が教室に入ると，初めて見る心理士にナオミさんは遠

くから「来ないで！」と叫んだ後，素早い動きで走り寄ってきて，蹴りと殴打を心理士に浴びせた。そして本田先生が，授業にならないので，と心理士の観察を断った。

他の先生方から，「本田先生と大久保先生は，ナオミさんが澤先生には暴力的だが自分たちに対してはそんなことはないので，澤先生の対応が悪いと思っている」「澤先生は本田先生と大久保先生と話をすることを諦めている（腹は立つが，かかわりたくない）」「他の女性の心理士に『あなたがおっかさんになって踏ん張るしかない』と澤先生は言われた」「隣のクラスの女性の先生は，澤先生の指導の問題はなく，ナオミさんは女性に対して暴力的になるのではないかと感じている」といった情報が得られた。また，澤先生も，本田先生と大久保先生に話してもしょうがない，と，自分で愛着の問題について勉強しようと講習会に出向いたりしていた。また，澤先生がぼんやりしていると，ナオミさんがこっそりやってきて「先生，大丈夫？」と声をかけてきたりした。そのたびに，ナオミさんのことは私が見てやるしかない，と感じたようである。

介入の実際　彼女の実際の家族との関係は十分知るところにはないが，暴力的で支配的な父親と，弱く無力な母親のような家族関係が，教師集団の中に再演されているのではないかという連想が心理士にはわいた。そういった連想は浮かんだものの，もっと単純なこととして，現実的に教師集団がこのように不仲では，他の生徒にも悪影響であるし，もし不健康な家族が再演されているのであれば，ナオミさんにとっても良くないだろうと考え，教師集団の健全化を図ることを目的として介入した。

具体的には，3人の担任，学内コーディネーター，同学年の担当教師と心理士の集まる場で先述の心理士の見立てを伝え，この不仲を改善するために「お互いに対する文句をここだけで言い合う」ことを提案した。心理士は集団精神療法の専門家でもあるので，その技法を意識しながら，個々の安全を守りながら表現を促す介入を行った。大久保先生が，「もっと年長の教師がリーダーシップを取るべきだ！」と怒鳴ったり，澤先生が，「先輩に対して馬鹿に

したような態度をとるのが腹立たしい」と語ることができたり，いつも自信ありげな本田先生が自分の対応について口籠ったりと，お互いに対する不信感や不満を言い合い，隠れていた本音の多く見える場となったものの，手を結ぶポイントまで行きつくことはできないまま2時間ほどが経った。各人にとってモヤモヤした感じの残る会となった。

介入結果　翌々日，ナオミさんが男性教師たちに対して初めて暴力を振るった。そのために男性教師たちは澤先生の個人の問題ではないという仮説を受け入れ始め，朝礼後に3人での打ち合わせをするようになった。澤先生は，「私はここまでやられてきたから，まだ母ちゃんできます」と宣言し，ナオミさんとの愛着形成を目指した対応を始めた。

　さて，この2人の生徒のその後であるが，教師チームによる筆舌に尽くしがたいご苦労を伴った取り組みによって，1年後にはかなり適応が進んだことを報告したい。ハルト君は半年もたつと学級内に友人関係を展開させて学校生活を送るようになった。学級対抗リレーに参加した後，学級内男子たちと円陣を組んで勝鬨を挙げた様子は，校長先生，保健室の先生，そして他学年の先生の目を校庭に釘付けにした。さらに3年次には，柳沢先生やこれまでに暴言を吐いた先生に対して，「僕，前に先生に，死ね，なんて言っちゃったね。ごめんね。でも仲良くしてくれてありがとうね」と穏やかに語り掛ける様子も見られた。3年次の文化祭では出し物の中心的な役割を果たし，卒業証書を全体の代表として立派に受け取った。卒業して高等部に入学した後，新しい制服を見せにニコニコやってきたりもした。ハルト君の母親が彼の成長を誇らしく見つめる姿もその横にあった。加えて彼の成長した姿は，かかわった教師たちの自尊心と子どもたちへの愛情をさらにみずみずしく豊かにさせたようだった。

　また，ナオミさんは教員チームの多大なる努力の下，乳幼児期のやり直しとも言うべき発達の取り戻しを経験し，驚くべき成長を遂げていった。例えば，小学校低学年の女の子たちに優しく世話を焼いたり，女の子らしく男性

の先生に甘えたりする様子も見られた。1年半後にはほぼ暴力行為はなくなったにもかかわらず,「私は好きな人といる時や楽しい時に,暴力したくなっちゃうの,治したいんだよね」と自分の言葉で自分を振り返って,教師たちを驚かせた。また,澤先生の後の担任教師とも非常に良好な関係を築き,「私,瀬戸先生(担任)みたいに頑張りたいんだよね,瀬戸先生みたいになりたいんだよね(この瀬戸先生もまたナオミさんの成長に尽力し,その後さまざまな難しい子どもたちの成長にかかわった素晴らしい先生であったことも加筆しておきたい)」と言いながら,苦手な算数のプリントなどに取り組む姿が見られるなど,大事な他者との関係を基盤に,自分をコントロールしようとする姿が顕著になり,皆に愛される生徒となっていった。

　さて,ここに描かれた子どもたちの変化は,読者の皆さんの目にどのように映っただろうか。彼らの変化は,この知的障害特別支援学校における,愛すべき「伝説」と先生たちの語り草になっていった。一方で「伝説」と言いながらも,少なくともこの子どもたちにかかわった先生たちにとっては,私たちは難しい子どもたちを成長させる力のある組織なのだという,誇りの源になったように思われた。
　そして筆者は,臨床心理学の専門家であることと教師たちへの愛情ゆえに,そのような誇りを志ある先生たちが皆体験できることを目指したいと考え,研究という枠組みを用いることを決めた。しかし,このように書きながら,それほど大昔のことではないのにこの事例からずいぶん私は遠くに来たように感じる。研究という枠組みに取り組み始めたことで,いろいろなことが見えてきたからだろう。
　その見えてきたことを,少しでも多くの人たちに還元できないだろうかという思いを持ったことが,今回本書の執筆に挑んだきっかけでもあることをここに書き添えておきたい。

事例の理解

　さて，本章は基本的に研究結果に基づいているのだから，「素晴らしい事例でしょ？」と悦に入っていても仕方がない。研究という枠組みにおいてこの事例をどう考えたのか示していかねばならないし，ここで書物の形をとった以上，多くの人に理解される平易な言葉で伝えることに挑戦しなくてはならない。

　その試みの始まりとして，まずは，児童生徒，教師，心理士の介入の3側面から，2事例の共通点と相違点を示すことで，事例理解を単純かつ合意が得られやすいところからまとめよう（私たちはいつも記述やデータをまとめるときに，統計的手法であれ，質的な研究方法であれ，共通点と相違点を検討するということから始める）。

　1つ目に生徒の共通点として，安定した養育の欠如がうかがえる成育歴が挙げられよう。ハルト君はいわゆる面前DVを長期に渡り受けていたようであるし，ナオミさんは言わずもがなである。そして2つめには，どちらの生徒も特定の教師をターゲットとして攻撃的な行動を繰り返しているという点が挙げられる。そしてこれは，特定の教師を囲い込むことに繋がっている。これは，後に筆者が「2人ボッチ」と呼ぶようになる現象であるが，柳沢先生がいつも2人きりで暴言を浴びせられていたことは記述のとおりであり，これはまるでハルト君が見てきた両親のDV光景を柳沢先生との間で再演するがごとくであった。そしてこれは，閉鎖された2人の中で行われていたことであった（他の教師たちが，大変さに何となく気づきながらも，柳沢先生に声掛けを行っていなかったことにも，その閉鎖性がうかがえる）。澤先生に関しては，本田先生や大久保先生との関係には暴力が及ばず，澤先生ばかりがターゲットになっていたことも含め，明らかである。

　また，教師に関する共通点として，どちらも怒りの蓄積が起きていたこと，そして介入によって怒りの解放が起きたことが挙げられる。柳沢先生は怒り

の高まりゆえに「〜せねばならない」というモードに陥り，判断や思考の力が弱っていると考えられていたし，澤先生は抑うつ状態にあったという点からも明らかに怒りの過剰な内向が起きていたと言える（精神分析では伝統的に，抑うつの原因を怒りを自分に向けるためと捉える（Freud, 1930））。また，教師たちに怒りが蓄積していたのは，心理士の介入によってどちらも怒りのとめどない解放が起きたことからも明らかであった。

そして2つ目に，どちらの教師も非常に真剣に子どもに向き合いながら，孤立していったという点が挙げられる。柳沢先生がこれほどまでに怒りを感じていたにもかかわらず，それが表現された時，同学年の教師は，「ここまでとは」と意外な気持ちになったようであった。これは，柳沢先生の心情が近くにいる先生たちに十分伝わっていなかったという意味において，孤立を意味している。また，澤先生は同クラス担任団から孤立していたのは明らかだろう。

そして，心理士の介入として共通していたのは，どちらも問題を引き起こしていると思われる児童生徒に対して介入するのではなく，教師に対して介入し，結果，間接的に生徒に対して良い影響を与えたという点である。

次に，相違点として重要だと考えられる点を挙げる。1つ目に教師の側面である。事例1では心理士の介入後，教師はすっきりした気持ちを味わったようだったが，事例2では教師集団にモヤモヤした気持ちを引き起こしたと思われる点である。このように書くと非常に単純な話に思われるかもしれないが，教育現場のコンサルテーションにおいて，モヤモヤしたまま終わるというのが，どんなに違和感のあることか想像してほしい。さらに言えば，モヤモヤしたままだったのに間接的にナオミさんが変わったことに対する疑問が，私の研究を推し進める最大の原動力であったこともここに加えておく（この点については第7章で検討を深める）。

これらの共通点と相違点を表1.2にまとめる。そして，これに従って問題状況を図示したものを図1.1として示す。

この事例のまとめを基盤に，ここでみられる現象について，理論的にはどのように理解できるだろうか。ここからは筆者がこの事例を，どういった理

表1.2　事例の共通点と相違点

	児童生徒	教師	心理士の介入
共通点	・安定した養育の欠如 ・特定の教師をターゲットとした攻撃的行動 ・特定の教師の囲い込み	・心理士の介入結果からも確認される怒りの蓄積 ・孤立	・生徒ではなく教師へ介入し，間接的に生徒を変化させる
相違点		・介入後の感情。事例1はすっきり，事例2はモヤモヤ	

論をもちいて理解していったか，説明を試みる。

理論検討

1. 愛着と愛着障害

　表1.2に描かれた順にそれぞれの理解を理論と対応させていこう。まず，安定した養育の欠如した子ども，ひいては被虐児の心理学的理解について検討する。

　安定した養育の欠如した子どもの心理学的理解については，愛着理論の貢献するところが大きく，精神医学診断においても愛着について記述されるようになってきている。特に愛着形成にかかわる養育者との関係の問題を，反応性アタッチメント障害や脱抑制型対人交流障害の診断においては重視している（ともすれば，成育歴に虐待が認められる場合，安易に反応性アタッチメント障害や脱抑制型対人交流障害などの診断が優先されすぎることもあるように思われるが）。

　では，心理学的な意味で，愛着とは何を意味するのであろうか。愛着理論の父と言われるボウルビィ（Bowlby, J.）によると，「とりわけストレス状況の下では，特別な対象を追い求め，きわめて接近／維持しようとする傾向が

安定した養育の欠如した児童生徒が，特定の教師を巻きこんだ攻撃・回避行動をとると

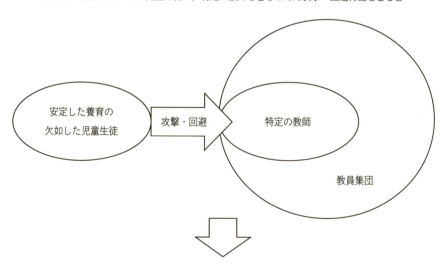

特定の教師の囲い込みが起き，児童生徒と教師は孤立する。そして教師には怒りが蓄積する

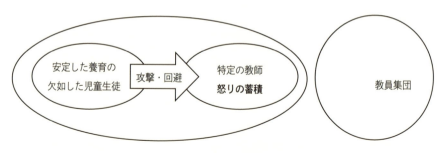

図1.1　事例1，2に見る，問題状況のまとめ

特徴的な，情愛的な絆」（1970）を意味する用語である。例えば，まだ這い出す前の乳児のいる部屋が寒すぎれば，乳児は泣いて母親を呼ぶだろう。これは，接近させる能力（泣く）を使って，情愛的な絆を持つ対象（母親）を呼びよせていると言える。また，這うようになれば，少し痛い思いをするとすぐに養育者のもとに這い戻って抱きしめてもらおうとするだろう。これは自分で接近する力を得たので，ストレスを受けた時に慰め・癒しを求めて養育者に接近することができるようになっているとも言える。

　しかし，そのような情愛的な絆は，カルガモのように産まれてすぐ目の前にあったものを愛着対象として認識してしまうような生得性を有しているわけではない。その点について，リサーチを基盤に検討したのがエインズワース（Ainsworth, M. D. S.）である。彼女らは，愛着が乳幼児期の養育者と子どもの関係において，「共同的で随伴的コミュニケーション」であること，すなわち安心感を求めて接近する乳児の言語的／非言語的メッセージを正確に読み取り，よく調和した応答を行う相互のやり取りを通して形成される（1978）ということをデータに基づいて示した。つまり愛着とは，子の発する言語的／非言語的メッセージを養育者が正確に読み取り，その発されたメッセージに調和した応答を行うというコミュニケーションを通して培われていく，「経験」に基づく産物であることを示しているのである。また，このコミュニケーションプロセスについて考えていく中で，筆者が現象全体を理解していく上で，ビオン（Bion, W. R.）の理論に舵を切っていったことを，ここに付記しておきたい。

　それでは，その愛着の形成に何らかの理由で失敗もしくは，形成に不十分な体験しか与えられなかったとして，そういった子どもはどうなるのだろうか？　これについては藤岡（2008）のまとめが具体的なので，ここに引用する。彼によれば愛着形成に失敗した子どもは，表1.3のようなサインを示し，表1.4の安定型以外の記述に見られるような不適応行動を示すとされる。

　すでに，愛着障害という言葉を使うことへの思いについては序章に述べているので，ここでは事例のハルト君とナオミさんが愛着の発達に難しさがあっ

表 1.3　子どもの愛着上の課題のサイン
（藤岡孝志『愛着臨床と子ども虐待』，ミネルヴァ書房，2008，pp.103-104 より引用）

- 愛情（affection）の表現
  温かく情愛に満ちた相互関係の欠如／見知らぬ大人への無差別的愛情表現
- 心地よさの追求
  打ちのめされたり，傷ついたり，病気のときに，心地よさを追求することの欠如／奇妙で両価的な方法での心地よさの追求
- 援助への信頼
  極度な依存／必要なときにサポートのために愛着の対象を求めたり利用したりしない
- 協働
  養育者の要求に対する素直さの欠如／過剰な要求／強迫的な柔順
- 探索行動
  見知らぬ状況で養育者をかえりみることの失敗／養育者を離したくないことからくる探索の制限
- コントロール行動
  養育者を過剰にしきりたがり，懲罰的に（攻撃的威圧的に）コントロールしようとする／養育者に向けての過剰な気遣いや不適切な世話をする行動
- 再会場面での反応
  分離の後，相互作用をもう一度確立することの失敗／無視や避けること，過剰な怒り，愛情の欠如などを含む

たのではないかということだけ指摘しておく。事例のハルト君もナオミさんも不安定な乳幼児期を過ごし，彼らが乳幼児期に発する言語的／非言語的メッセージを主たる養育者が十分に読み取り，応じることが難しかった可能性が高い。また，担任という学校における「安全基地」となるべき対象に対して，攻撃的であるという特徴がある。その意味で，彼らは愛着形成における何らかのつまずきを有していると推測する。愛着形成における何らかのつまずき，というのはつまり，ハルト君であれば，彼の母親は夫との関係の中で，ハルト君がストレス状況下で守ってほしい時に守ってもらえなかった可能性があるということである。またナオミさんは生後まもなく家庭から施設

表1.4 愛着の5つのタイプ
(藤岡孝志『愛着臨床と子ども虐待』, ミネルヴァ書房, 2008, p.27より引用)

1. 回避型（A型：Avoidant attachment pattern）
   母親との分離では悲しみ・苦悩・抵抗を示さない。見知らぬ人とも安易に交流する。母親が戻ってきても無視したり避けたりして1人遊びをする。身体的接触を求めない。全体的に警戒心が強く、遊びに集中しない。不安定性愛着に含まれる。ただ、組織化されており、阻害された愛着に含まれる。

2. 安定型（B型：Secure attachment pattern）
   母親と離れる前に積極的に探索行動をすることができる。母親がいるときは見知らぬ人と親和的に接触できる。母親との分離には悲しみを示し、再会時には積極的に接近、接触を求め安らぎを得る。その後はスムーズに遊びに戻る。

3. 抵抗型／両極型（C型：Resistant or Ambivalent attachment pattern）
   母親と分離したときに泣きが激しく、再会してもなかなか機嫌が良くならない。母親の存在によって気持ちの安定が図られない。探索行動も乏しい。母親を拒否し、泣きわめいたり、体をそらせて抵抗する。しかし、母親が立ち去ろうとすると急いで後追いする。母親の注目をひきつつそれに抵抗する。ただ、組織化されており、阻害された愛情に含まれる。

4. 無秩序・無方向型（D型：Disorganized／disoriented attachment pattern）
   親との再会のときに、ぼーっとしていたり、抑うつや混乱を示すような「動作の停止」が見られる。親に対して強く接近を求めた後、激しく回避したり、親から視線をそらしつつ、接近したりする。母親は自分を脅かす存在のようで、安全や慰みの対象とはならない。母親という愛着対象に近づくことが不安を引き起こすという葛藤がある。

5. 無愛着（愛着未成立）型・無差別愛着型（Nonattachment pattern／Indiscriminate attachment pattern）
   母親などの養育者と情緒的な関係を形成していない子どものこと。乳幼児期を施設で過ごした子どもに多く見られる。特定の大人を好むことなく、自分の欲求を満たしてくれれば誰でもいい。どの大人に対しても無差別的に表面的な親密さを示す。しかし、深い関わりは持てない

に移っている。そのため施設というどうしてもマンパワー的に，愛着形成のための大人との密着感の薄れてしまう状況に育っているという点において，恐怖や苦痛から守ってもらえずに，その恐怖や苦痛の中にさらされざるを得なかった経験をしている可能性が高く，愛着形成に何らかの傷つきが想定され得る。

2. 知的障害特別支援学校をめぐる変化

　では，こういった子どもたちが知的障害特別支援学校において増加していることについて何らかの理由があるのだろうか？　そのことについて議論する前に，簡単に制度的な変化について触れておきたい。

　本論で焦点を当てている問題状況が起きている背景には，知的障害特別支援学校をめぐる制度上の変化があるものと推測する。平成24年7月の中央教育審議会初等中等教育分科会報告「共生社会の形成に向けたインクルーシブ教育システム構築のための特別支援教育の推進」における提言等を踏まえ，平成25年8月に学校教育法施行令の一部改正が行われたのだが，その改正には障害のある児童生徒の就学先を決定する仕組みの改正が含まれていた。従来の仕組みでは，同令第22条の3の表（表1.5に転記）に規定する程度の障害のある児童生徒について特別支援学校への就学を原則とし，例外的に小中学校への就学も可能とされていた。しかし改正後は，個々の児童生徒について市町村の教育委員会が，その障害の状態等を踏まえた総合的な観点から就学先を決定する仕組みとなった。つまり，さまざまな特別な支援の必要な子どもたちに対して特別支援学校の門戸が開かれたのである。

　昨今頻繁に指摘されていることではあるが，愛着発達の問題がある子どもが，発達障害的な行動を示すということが，脳科学の視点からも，発達心理学的な見地からも指摘されているが（例えば，杉山，2007；ウォーリン，2011)，もし愛着発達の問題にかかわる表1.3に示されたようなサインについて知識がなかったり，あるいはサインを見逃された上，被虐のエピソードを養育者などから得られなかったりした場合，対人関係における回避や見境の

表1.5 学校教育法施行令第22条に定められる視覚障害者，聴覚障害者，知的障害者，肢体不自由者又は病弱者の障害の程度

区　分	障害の程度
視覚障害者	両眼の視力がおおむね〇・三未満のもの又は視力以外の視機能障害が高度のもののうち，拡大鏡等の使用によつても通常の文字，図形等の視覚による認識が不可能又は著しく困難な程度のもの
聴覚障害者	両耳の聴力レベルがおおむね六〇デシベル以上のもののうち，補聴器等の使用によつても通常の話声を解することが不可能又は著しく困難な程度のもの
知的障害者	一　知的発達の遅滞があり，他人との意思疎通が困難で日常生活を営むのに頻繁に援助を必要とする程度のもの
	二　知的発達の遅滞の程度が前号に掲げる程度に達しないもののうち，社会生活への適応が著しく困難なもの
肢体不自由者	一　肢体不自由の状態が補装具の使用によつても歩行，筆記等日常生活における基本的な動作が不可能又は困難な程度のもの
	二　肢体不自由の状態が前号に掲げる程度に達しないもののうち，常時の医学的観察指導を必要とする程度のもの
病弱者	一　慢性の呼吸器疾患，腎臓疾患及び神経疾患，悪性新生物その他の疾患の状態が継続して医療又は生活規制を必要とする程度のもの
	二　身体虚弱の状態が継続して生活規制を必要とする程度のもの

ない行動などから発達障害を疑われる場合は多々ある（川村，2012）。こうして愛着の問題を見過ごされ，発達障害児として特別支援の場に入った児童生徒は（ハルト君はそのような経験を特別支援学級でしてきたようである），特別支援に知的障害や発達障害に対する既知の指導法があるために，かえって適切でない指導，つまり愛着障害なのに発達障害としての扱いを受け，結果，さらに落ち着かなくなるような状況もあると想定される。

　また，筆者が見る限りにおいて，教師たちが統制できない子どもたちを，特別支援学級や特別支援学校に送り出そうとする，誤った特別支援の利用が一部で広まっているようである。このような場合，問題の根源となる子ども

自身の困り感や家族の困り感といった,「こころ」の部分に目を向けずに教室から排除するという意味において, ネグレクトなどの虐待や不適切な養育の再演になっているケースもあることを加えておく。

3. 愛着と投影性同一化

先に愛着理論に目を付けたところからビオン理論に舵を切ったということを述べたが, ここからビオンの理論に触れていくことになる。

表1.2に示した, 怒りを発露することによって相手を結果的に囲い込むという力動についてはどのような説明が可能であるか検討している過程において, 実は筆者は検討初期において, 転移と逆転移という別の概念を用いて検討していたのである。転移とは, 精神分析の重要な用語で, 本来は過去の重要な人物に対して向けられるべき感情を, 対象を現在の重要な人物に替えて再体験する現象を指す。父親に対して認めてもらえない, 罰されるという体験を強烈に抱いている人は, 大学の指導教官や職場の上司に同様の恐れを抱きやすいとか, あるいは, いつも母親をかばってきた男性が, 恋に落ちるのは母親のような受け身だけれども, 悲しげな女性ばかりである, といった対人関係の反復に見られる現象と言えばわかりやすいであろうか(このように日常の現象に転移の理論を持ち込むかどうか議論が分かれるところではあるが, ここでは読者にとってわかりやすいように例示した)。また, 逆転移とは,「患者の特殊な諸側面によって分析者に引き起こされる特殊な情緒的反応」(サンドラーら, 1980, p.69)であるが,「精神分析治療以外にも積極的に拡大でき, いかなる治療者－患者関係においても有益な要素」(p.70)であると現在は認められている。

加えて川村(2009b)は特に児童期後期から学童期前期の発達の中で十分に社会の中における対人関係を経験していない場合, あるいは, 外傷的な対人関係を持っている場合に, 転移が先鋭化しやすくなるという特徴があることを指摘している。

このように転移－逆転移の概念は, 過去の重要な対人関係を他者に映し出

すこと，そして，映し出されている個人はその過去の人物と同じような気持ち，ふるまいを引き起こされてしまうことを示す概念であり，乳幼児期から学童期に何らかの問題がある場合，転移が先鋭化するであろうと仮説的に考えたために，筆者はまず転移－逆転移の理論で説明を試みたのである。

　しかし，筆者は「投影性同一化」理論によって説明することにした。その理由は正直に言えば，直感的にこちらの理論の方が現象全体にマッチするように感じたためであった。理屈をつけるのならば，投影性同一化という理論は，対人関係における変化（あるいは病理の反復）の力動的過程を説明するプロセス概念だと理解したためである。後に当のビオンが著書『Experiences in Groups（1968）』の中で，集団における現象を転移－逆転移で表現するのは適切ではないと説明しているのを見つけるのだが，結果的に筆者の直感は妥当だったようだ。

　それでは，投影性同一化理論の説明に入ろう。この概念は定義の変遷があり，また，複雑な概念なので本章のもととなっている論文（大橋，2017）では定義の変遷について丁寧に示しているが，ここでは一般の読者にもわかりやすく，かつ本論に必要であると思われる程度にとどめる。

　興味深いことだが，投影性同一化について初めて明確に言及したのは，先述の愛着理論の父ボウルビィの決別した師，クライン（Klein, M., 1946）である。そしてクライン以降，先ほどの転移－逆転移に関連付けた定義上の拡張がなされ（Sandler, J., 1986, pp.17-18），さらにコミュニケーション手段，相互作用手段としての投影性同一化，あるいは，発達促進的な投影性同一化に着目されるようになっていった。

　このコミュニケーション性，相互作用性については，ビオンの理論がよく知られている。ビオンはクラインの弟子であり，1957年には病理的な投影性同一化について，1959年には正常な人格の基盤を作る母子のコミュニケーション機能としての投影性同一化について言及しているが，彼の功績は，投影している者ではなく，投影を受ける者，つまり本論で言えば，教師側に目を向けた点にあると言えよう。

ビオンは，投影性同一化をコミュニケーションの原始的形態であると捉える。それによれば，赤ん坊は，心的状態を感知する感覚器官である自己についての感覚印象を解読する手段（α機能）がないために，投影性同一化を通してその感覚印象を母親の中に排出する。この時，赤ん坊は自分の中から取り除きたい「死の恐怖」を投影性同一化によって母親の中に引き起こすこと，そして母親は「夢想」の能力によって，赤ん坊の感覚印象を解読し，理解可能なものに変える感覚受容器官となること，母親は赤ん坊の恐怖感情を再取り入れしやすいように解毒（processing）し，それを赤ん坊に戻してやることについて示している（1962）。このように子どもの表出の機会を提供して受け止め，その意味を洗練して理解することを，包含（コンテイン：contain）と呼び，この包含される中身（β要素）との関係性はContainer-Containedモデルとして知られている。

　このように説明を試みて，ビオンの記述は大変難解であることで知られるが，改めてその難解さを感じる。ここではできるだけ上記の記述を，ほかの引用も使いながらかみ砕いて説明してみたいと思う。

　まず，赤ん坊の感覚印象というところから説明しよう。この用語を見ると私は必ずスターン（Stern, D.N.）のこの記述を思い出す。

　　（生後6週間の）ジョーイが最後におっぱいを飲んでから，もう四時間がたちました。そろそろお腹が空いてくるころです。……

　　嵐がきそうだ。光が金属みたいな色に変わる……世界がだんだん崩れていく。何かが起きようとしている。
　　不安が膨らむ。その不安は中心から広がって，痛みに変わる。
　　嵐の源は中心だ。中心のところで嵐はどんどん強くなり，ずきんずきんと脈打つ波に変わる。その波が痛みを押し出し，やがて，また引き戻す。……
　　ずきんずきんと脈打つ波が，大きくふくらんで，世界じゅうに広がる。

世界が吠えている。ありとあらゆるものが破裂して吹き飛ばされ，やがて崩れて，大あわてで中心に戻り，痛みのかたまりをつくる。でも，そのかたまりは長持ちしない。それでもかたまりはできている。

（スターン，D., 1992. pp45-46）

　この文章を読んだ時，言葉を持たない乳児にとって空腹すらも恐ろしい感覚であることを改めて理解した。同時に，新しい世界との出会いの連続である乳幼児期において，私たちにとっては何でもない体験が乳幼児にとっては「死の恐怖」とも言うべき感覚を引き起こすのだということに思いを馳せた。私は時々自分が初めて頭痛を感じた30代（!!）の時のことを，「本当に死ぬのではないかと怖かった」と話すことがあるが，冗談ではなく，頭痛を体験的に知らなかった私は，頭痛という言葉を知っているにもかかわらず，一晩恐怖で眠れなかったのである。

　このように，言葉によって抽象化され得ない感覚印象は，私たちにとって死の恐怖を引き起こすことがある。乳幼児はこのような質の体験をすると，泣いたり叫んだりする（あるいは，知的障害特別支援学校でよく見る，困難な児童のいわゆるパニックや攻撃行動も，このような質の体験を背景に持つことがある）。この時，対峙する養育者などの大人は非常に不快な気持ちになることがある。子どもの泣き声に対応するも，そのメッセージを掴めずいつまでも泣き止まない子どもの泣き声を浴び続けていると，イライラしたり不安になったりすることは往々にしてあるだろう。一方，力動的立場の心理療法家はこのような場において自分のこころの中で何が起きているかに思いを馳せるであろう。同じように，良い養育者であれば，自分の中に不快感が起きているのを，メッセージとして受け取り「この子が私に訴えかけているのは何かしら」とあれこれ思いめぐらす＝夢想するのである。

　この投影性同一化と夢想について，筆者の体験が参考になればと思う。

　これは筆者の息子が2歳の時の話である。仕事に復帰して半年ほどの筆者はその日は休日で，息子の横に座り，食事を手伝っていたのだと記憶してい

る。何の気なしに私が新しいペットボトルのお茶を開けて飲んだ時のこと。「それはまあちゃんの！　元に戻せ！」というような訴えをしながら息子は突然大泣きしたのだった。元に戻せとは，どうやらペットボトルの蓋をひねる前の状態にせよ，と言っているらしく，元に戻せと言われても無理なので，無理を言うなと跳ね除けたくなった。しかし，過剰に不快になっている自分の気持ちに目を向け，休日で余裕があったこともあり（!!），夢想してみることにした。怒って泣いて，僕がやりたかったんだ！　元に戻せ！　というのをそのまま聞いていると，筆者は何とも言えず悲しい気持ちになり，これは何だろう？　と考えて続けた。すると突然，息子が自分のことをちゃんと見てもらえない寂しさのようなものを持っていたのかもしれないと感じられるようになってきた。それを思うと，まだ小さいのに平日息子を預けている筆者自身の抑圧していた痛みなども一緒によみがえってくるような感じがしたが，それを感じれば感じるほど，息子の伝えようとしているものは，この瞬間私が彼にとって心理学的に「不在」だったことへの怒りや寂しさだったのだろうとリアルに感じられるようになった。「ちゃんと僕のこと見てって思っちゃうよねぇ。ママのバーカ！って思っちゃうよねぇ」と筆者が伝えると，息子は，「元に戻せ！」と言うのを止めて，私に抱きついておんおんと泣き，しばらくすると落ち着いた。

　恐らく筆者がペットボトルの蓋を開ける前から，息子は母のこころがここにない感じを受け取っていたのではないかと思う。それがペットボトルの蓋とともにはじけ，「元に戻せ！」という言葉になったのだろう。つまり，ペットボトルの蓋が問題なのではない。実はこういった，メッセージの言語的な意味と，非言語的メッセージが違うということはよくある。大人ですらよくある。その違いを読み取るうえでも，自分の不快感をサインとして，夢想することは非常に重要である。
　さて，夢想した後，筆者は息子に言葉がけをしている。これは比較的自然と紡ぎ出された言葉であった。夢想して自分にわいてきた体験からスルッと

表1.6 オグデンの示した投影性同一化における3位相（大橋，2017より抜粋）

第一位相： 投影者の排出願望に 基づく空想位相	自己の一部（自己を内側から破壊する部分，自己の他の部分から攻撃され危機に瀕している部分）を相手の中に排出し，内側から相手を支配するという無意識の空想を投影者が持つ
第二位相： 投影者からの 相互交流圧力の位相	投影者の空想と一致した形で，被投影者が自らを体験し振る舞うように，投影者が現実に圧力をかける
第三位相： 被投影者による 解毒処理の位相	被投影者は投影者の空想に一致するように自らを体験する。しかし，現実にはその体験も誘発される感情も異なった人格の産物であることから，被投影者とは異なった取り扱いが可能になる（夢想も含まれる）。投影者は相互交流を通して被投影者の扱いの様式を再取入れする。この解毒され内在化される度合いに応じて，投影者の心理的成長が起きるものとされている

出てきた言葉であった。この加工のない言葉によって，子どもは言葉の意味内容以上に，母が彼の感覚印象を受け取り，それを解読したのだということを生々しく感じられるのだろうと思う。これが解毒＝投影した子どもにとって理解不能であったものを理解可能な形で解読して返すことである。筆者はこの現象に解毒という言葉を当てるのをとても気に入っている。筆者がまだ小さな頃，テレビか本か何かで見た，深い森の中に住む部族が，食べ物の毒部分を親が噛み切ってとってやり子どもに渡すシーンを思い出す。「解毒」という言葉は，毒を毒のないものにして食べさせてやる，それが栄養となって子どもが育つという一連の大人と子どもの関係を良く言い表している感じがするのだ。

　さて，投影性同一化のプロセスについて，理解は深まっただろうか。この投影性同一化という母子の情緒的な相互交流のモデルは，先にも述べたContainer-Contained理論として定式化されていくのだが，この相互交流過程についてオグデン（Ogden, 1979）は，投影性同一化における過程を位相として示し，力動の詳細な記述を表している（表1.6）。

　さらにオグデン（Ogden, 1986）は心的変容の過程に関する部分に修正を加

え，投影性同一化過程が，投影者に関係なく被投影者が単独で行う心理学的作業ではないことを示した。つまり，投影された内容だけではなく投影者自身もその情緒的連結過程（emotional linkage）の中で心理的に変容するのである。すなわち，投影性同一化とは二者の無意識の直接交流であり，被投影者が伝達されたものを持ち堪えてることができるなら，それは相互交流するペアが引き起こす両者のintersubjective mode（間主観的なありよう）の変化をもたらすのだ（Ogden, 1989）。

　こういった理論を概観し，先に示した問題状況に立ち戻りたい。
　まず問題状況において着目したのが，子どもが自己発達のために投影先の対象をターゲットとして選択しているのだろうという点であった。学校にはたくさんの教師がいる。そしてターゲットとなる教師は必ずしも用意された「担任」ではない。子どもが教師を選んでいるのである。この点についてもっと言えば，愛着関係のやり直しをこの対象との間でできるだろうという無意識的選択が子どもの側にあるのだということになろう。また被投影者側，つまり，教師の方にも，投影性同一化の世界に巻き込まれようとする無意識的かつ主体的選択があり，オグデンの指摘に従えば，そこに被投影者の成長欲求も仮定し得ることを含意していると言えよう。
　心理療法であれば，クライアント（患者）がセラピスト（治療者）を選択するという機会は学校場面ほど自由ではないことが多い。親子関係であれば，よく言われる子は親を選べないという言葉通り，なおさらのことである。しかし，今回の問題状況の舞台は母子関係場面でも，心理療法場面でもなく，教育現場という社会状況であるという点において，必ずしも担任が被投影者とならないという事実や，投影物を受けないということも被投影者側の選択としてあり得るという事実が存在することからも，投影性同一化という理論はこの問題状況を描くのに適していると思われる。
　また，ビオン，ひいてはオグデンが定義するのと同様に，投影者の空想が現実化するように実際に振る舞う（逃げる，暴力を振るう，教師によって態

度を変えるという操作的な振る舞い）ことが，教師たちの孤立していくこと，教師たちに怒りが蓄積していくことに影響しているのを，筆者は前意識的ではあったが問題と感じていた。まさにこの状況を説明し得るのが投影性同一化であった。こういった意味でも筆者は，投影性同一化という理論が問題状況をよく説明するものと考えたのであった。

以下に本論の投影性同一化の定義を示しておく。参考にしてもらいたい。

投影性同一化の定義
①自己にとって脅威となる内的対象やその内的対象と関連する自己の一部を，自分自身の表象から分裂させ，無意識的に選択された外的対象に排出，投影し，その部分を対象と同一化して，それを攻撃または支配する一連の適応／防衛機制。これはオグデンの言うところの第一位相と重複し，またすでに投影者が，被投影者を無意識的に選択している段階にある。
②投影者の機制としての投影性同一化によって，被投影者が情緒的連結過程に組み込まれる。このオグデンの第二位相が成立するのには，被投影者側の組み込まれようとする無意識的・主体的要因も想定される。そして情緒的連結過程への組み込みが成立し，第三位相において被投影者が解毒処理に成功すれば，投影者の心理的成長に，失敗すれば投影者は病理的な対象関係の反復に陥り，また，被投影者も病理的な対象関係の反復に巻き込まれる。

それでは，愛着発達に問題のある児童生徒が投影性同一化機制を頻用することについてはどう考えられるのだろうか。これについてはそもそもビオンが，継続的に投影性同一化を行う事例によって指摘していることではあるが(1959)，フォナギー(Fonagy, 2001／2008, pp.97-98)がクラインとビオンの理論を用いて明快に説明しているので，そちらを紹介したい。それによると良い養育とは，乳児の心理学的経験を吸収し，代謝された形で転送し，乳児

が統御できない感情をうまく調整してやるようなやり方で，乳児に情緒的に，また身体的ケアを通じて応答し得る親の能力によるものである。この能力は，ビオンの言うところのα機能である。そして愛着発達の不全が起きる背景には，養育者による投影性同一化を通じての情緒の処理，ひいては，安心感の供与の失敗が想定されるということになる。このため，投影性同一化のプロセスを通じた精神発達が阻害されるがゆえに，発達年齢不相応にコミュニケーションの形態を先に発達させることができず，いつまでも投影性同一化の使用に依存し続けるのだ。

　さて，ここまで難しい理論を並べてきたが，知的障害特別支援学校における問題状況を説明する理論としての愛着理論と投影性同一化理論は理解していただけただろうか。理論的な混みいった話は本書を通じてもここまでである。安心してもらいたい。次章は，これらの理論を使って，この問題状況を説明し，そして，この問題状況を良い状況に変化させるための展望を示すモデルづくりである。

[コラム]
組織分析と
コンサルテーション

　「チーム学校」の言葉が聞かれるようになって数年が経つが，学校がさまざまな職種と連携が求められるようになったことについて，学校側は，伝統的な学校の在り方を，ともすると崩さなければならないと感じるような，大変なインパクトを受けているのではないかと思う。そして，新たに学校に入ってきた他の専門職者が何者なのか，自分たちにとってどんな役に立つ人たちなのかについて，明確に伝わっていないことが多々あるように思う。
　心理の人間が学校に入った時，代表的な仕事は学校コンサルテーションという言葉で説明される仕事になるだろう。コンサルテーションとは，2人の専門家（基本的には異業種）の間の相互作用の1つの過程であり，コンサルタントがコンサルティに対して特定の問題をより効率的に解決できるよう援助する関係と定義される（山本，2000）。ここで注意してほしいのは，心理の人間は，援助とアドバイスを与えることの区別について非常に敏感であるという点である（つまり，こういう「何者か」が十分伝わっていないのだ）。
　本文中にもところどころ言及されていることであるが，教員の忙しさや抱えているストレスの高さも相まって，教員側のニーズは子どもの問題に対して具体的にどう対応していくのか教えてほしいという即時的解決法の求めが多い（小林，2009）。これは実は，心理の手法とはしばしば葛藤するものである。筆者が理解するところによれば，臨床心理学的手法に基づくコンサルテーションは主たるコンサルティである教員の専門性や問題解決能力の発達を促し得るような類のものである。即時的解決法に応えていれば（そもそも

答えを与えるようなことが可能なのかという疑問があるが),依存する人−される人という関係性に陥り,時としてコンサルティの能力発達を阻害することになる。人は自分自身で何か問題に当たって,自分で何かを越えた感覚がなければ,基本的に成長しないからだ。けれど,教師側からすれば,そんな悠長な態度でやっていられないと感じることが多くあるだろう。

このような難しさを抱える学校コンサルテーションではあるが,実は心理士が寄って立つ理論によって,やり方もさまざまであることは学校側にはあまり知られていないかもしれない。おそらく皆,先述の目標,つまりコンサルティの成長促進を目指しているという方向性は同じだと思う。ただ,山の頂上に登るにはいくつもルートがあるように,やり方はかなり違うのである。筆者は精神分析的立場によるコンサルテーションを行っていると,私のかかわっている特別支援学校の先生たちからは理解されている。「いつもの研修では,子どもをどうアセスメントするかという外向きの眼差しを学ぶんだけど,先生は自分の内側の中を見ろって言うでしょ。新鮮だった」と言ってくれる先生もいる。もちろん,精神分析理論が合わない先生もいるだろう。それはそれとして,精神分析の立場を用いたコンサルテーションは有効であると筆者自身は実感している。しかし,あまり周りの先生にも伝わっていないのだが,私が精神分析理論と同じく,いや,それ以上に使っているのは,集団力動論的立場に基づいた学校組織コンサルテーションの立場である。その特徴としては,組織,集団の無意識に目を向け,個人,集団,組織のパフォーマンスを妨げる隠れた防衛を明らかにする点が挙げられる(Anderson, & White, 2002)。

例えば,第7章に詳細が描かれているが,スケープゴートという集団力動はしょっちゅう起こる。いじめもそうだ。そして,いじめの現象においてはターゲットが移り変わるのはよく知られた事実であるが,これは,集団力動を解消していないために繰り返し起きてしまうのだと言える。つまり,個人個人の問題というより,組織力動の問題ゆえに,個人が不適応や機能不全に陥っているのなら,まず,集団力動を正常化しよう,言い換えれば,個々が

自分らしく存在できる，自分の主体性（本書第3章）を失わずにいられる集団を作ろうという考えである。そうして，集団が正常化し，集団に属する個々の判断力や理解力も回復したところで話をするとコンサルティたちの学びも大きい。

　そう書きながら，ふと「学級運営もまた，集団組織の視点が重要なのではないだろうか」と考えた。事例に示された澤先生や柳沢先生は，投影性同一化を向けてくる児童しか見えなくなっていたし，それに対して罪悪感を抱いていた。投影性同一化に巻き込まれているかどうかにかかわらず，それぞれの子どもに対して個別的な対応が求められると言えども，子どもに対して1対1でかかわりその子どもしか見えなくなっていると，学級運営はうまくいかない。クラスという単位でクラスという生き物を見，かかわるのが教師のスペシャリティの1つではないだろうか。これがうまくいっていない時は，恐らく，教師の力量も発揮されていない時なのだろう。その意味で，組織や集団という視点は，学校にとって重要であり，組織や集団に対してみる力を意識的に養うような働きかけが起きることは学校の力を高めるのではないだろうか。

第2章

巻き込みの場と育ちの場

　前章の表1.2「事例の共通点と相違点」について考えながら，モデルづくりに向かっていこう。

怒りの蓄積

　両事例における共通点は，怒りの蓄積と，介入による怒りの解放という点にあった。我々は怒りが溜まると判断力や思考力を失うことを経験上よく知っている。怒りが蓄積していると，いろいろ失敗が重なって余計にイライラしたり，散々な気持ちになるなど，身近なこととして感じられるのではないだろうか。また，怒りの内向はうつ状態を引き起こすともされる。恋に破れてうつうつとしている時に，自分のもとを去った相手の文句でも言えばスッキリするなんていうことは，自分が体験したかもしれないし，そんな人を見かけたかもしれない。とにかくよくあることである。これは，こころの中にため込んでいた怒りを吐き出すことでうつ状態から脱却するという意味において，怒りを溜めることがうつ状態と関係していることを示していると言える（もちろん，仲間の存在によってうつ的な気持ちが晴れるという側面もこの例の場合あるだろうけれど）。このように，怒りが蓄積したり内向したりすることは精神健康上の害を引き起こすものと考えられている。

　さて，そのような前提を置いたうえで，柳沢先生や澤先生が怒りを蓄積さ

せていたことについて考えてみよう。まずは，2人はなぜ怒りを蓄積させるに至ったかについてである。第一に，ハルト君やナオミさんからの投影性同一化が影響しているだろうと考えられる。これは図1.1を前章で投影性同一化のはたらきと位置づけたという意味においても，本論の前提となっていることである。投影性同一化によって柳沢先生や澤先生はβ要素を投げ込まれるわけだが，β要素というのは先述の通り，投影する側（ハルト君やナオミさん）にとって耐えることのできない感覚印象である。そして投げ込まれた対象（柳沢先生や澤先生）はβ要素を保持することになる。少しややこしいのだが，投げ込まれたβ要素を保持することによって，必ず怒りを感じるということではない。ただそのβ要素を解毒できない，処理できない場合に，欲求不満やβ要素に毒されて怒りを生じるだろうとは考えられる。とにかく，β要素の投げ込みを契機に，柳沢先生や澤先生は怒りを蓄積させたと言えるであろう。

　もう1つには，怒りが溜まっても吐き出せなかったということがある。次章でも触れることではあるが，どうやら教師にとって，こころの中に怒りや不満がたまった時にそれを吐き出すということが，大変難しいことのようなのだ。その理由は学校文化と対人援助職者の持つ共通の価値観に大別できるように思う。

　1つ目の文化であるが，教師が生きている「学校文化」には「頼らない／頼れない文化」がある，と個人的には考えている。チーム学校という言葉が頻繁に聞かれるようになり，教師の精神健康維持のためには同僚による支援が重要であることが指摘されている（中尾，2011；岡田・小野瀬・佐瀬・酒井，2013；竹内，2013）にもかかわらず，実際には教師にとって助けを求めることは大変困難なこと（片山，2017；紅林，2007；岡田ほか，2013）のようなのだ。例えば，経験年数にかかわらず「できて当たり前」的に仕事をこなさねばならない（中尾，2011）というのは，よく聞かれる。紅林（2007）によれば「教師は教師になったその日から，一人前の教師として子どもの前に立つことが期待される」のだという。また，草野（2017）は「一匹狼」型

の教師が，P型リーダーシップ（三隅，1966）のあるカリスマ的教師として奉られる文化があることを指摘しているが，1人で何でもできてしまうスーパー先生こそが良い教師という価値観があるとすれば，その価値観は頼らないことを称賛する風土を創り出すだろうし，そのような風土の中では，教師が周囲に助けを求めることは難しいだろうと推察する。

　そして2つ目の対人援助職者の持つ共通の価値観に，「被援助者を悪く言ってはいけない」というものが潜在的にあるのではないかと思う。本書に関連があるテーマで講演した際に，放課後等デイサービスで働いている方が講演後に質問をしてくれた。その内容は，「相手からの投影性同一化を受け止めようとするのだけれど，日々苦しくて……」というものだった。筆者は，自分が投影性同一化を受け続けた時に，その愚痴を同僚に話したことがどんなに意味深かったかを話した。「自分のこころの中のごみをきちんと捨ててから，相手にスッキリ会うための『技術』として愚痴を言うのであって，それは患者さんや利用者さんのためなんだ。彼らを裏切ることではない」。すると，「自分が利用者さんのことを悪く言ってはいけない，と何となく感じていて。でも，未熟なんだし，人間なんだし，愚痴も言いたくなりますよね。それで相手にとって良い援助ができるように自分を整えられるなら，いいことですよね」と朗らかに笑ってくれた。悪く言ってはいけないという思いは，きっと裏表のない支援者でありたい，被援助者の方を裏切りたくない，というような支援者の良心の現れなのだろうから，尊い想いなのだとも思う。けれども，自分のこころの中を汚染させたままで良い援助ができるほど自分がまだ強くないのであれば，自分が強くないことを認めて自分のこころの内を掃除するべく人に頼るのもプロとして重要なことなのではないかと思うのだ。特に，柳沢先生の事例に見られたように，生徒の愚痴を語らせるというのは投影性同一化を受けていて，頼ることの難しい文化の中にある教師にとって重要なことだと筆者は考える。自己を整える技術として，教師仲間の中で愚痴を言うことを意識的かつ主体的に実行しないことには，おそらく教師たちは愚痴を言わないだろう。特に，このような難しい子どもたちに巻き込まれる真面

目さのある教師はきっとそうなのだろうと思う。

　少し周りの仲間に甘えて自分の荷下ろしに付き合ってもらい，すっきりした気持ちになったところで，子どもにしっかり向き合うという切り替えを意識的にするということ。それを許す風土を学校内に作ること。これは，教師は教師集団との関係の中にあり，教師集団と子ども集団は境界線のある集団なのだということが意識されてこそ成り立つとも言える。筆者が大事にしているシステム論（von Bertalanffy, 1968）の観点からすると，バウンダリーという概念で説明されることであるが，この点については本書では触れない。

　以上のように怒りの蓄積について概観してみたが，まとめるならばこの怒りの蓄積は，投影性同一化過程においてβ要素を処理できなかったことと，こころの中にため込んだものを文化的な背景と対人援助職者としての価値観の影響を受けて処理できなかったことによって，起きたのだろうと考えられる。

教師の孤立とその解釈法の検討

　では次に，教師たちの孤立の問題に触れよう。ここまで論じてきたように，投影性同一化に巻き込まれ，教師たちにとってそもそも難しい解毒処理に失敗すると，児童生徒との病理的な対象関係の反復が起こり，教師の巻き込まれが始まる。そして，ハルト君と柳沢先生の事例のように周囲の教師たちも物理的にも心理的にも手出しができなくなったり，あるいは，ナオミさんと澤先生の事例のように，スケープゴート状態に陥ったりすることが起きるようだ。

　このように，病理的な対象関係の反復に巻き込まれた時に孤立することで，そこから抜け出ることが難しくなるのが問題状況の始まりであり，一方で，このポイントに介入することが重要であると考える。というのも，先述の通り，投影性同一化を起こす方にも，恐らく巻き込まれる方にも，無意識の成長欲求があると仮定されるからだ。教師自身にとっては孤立として体験されるこの状況であるが，児童生徒の側からすれば，2人きりになることであり，強烈

なペアになったということである。この連結の背後にしっかりと大人と向き合って愛着形成のやり直しをしたい，という児童生徒の（ひいては教師の）欲求が無意識的にはあるのではないかと言い換えることができるのである。

　では，具体的にどうするのが良いのか？　その答えは，周りがこのペアの連結を支えるということになろう。この心理学的にも身体的にもまいってしまっている教師を，教師集団が解毒するのである。

　両事例において心理士は怒りの処理を手伝った。事例1では陪席していたほかの教師たちが，その後，柳沢先生にハルト君を任せつつも柳沢先生を見守り，柳沢先生の話を積極的に聞くようになっていった。事例2ではそれぞれが持っている不満やもやもやした何かを集団において感じる機会を心理士が作ることによって，ナオミさんと教師集団との関係が変化した。どちらも，孤立していた教師が，怒りを排出したのちに教師集団システムと相互作用をし始めることによって，生徒が変わったのである。

　ということは，以下のように考えられないだろうか？　児童生徒から選ばれて投影性同一化を受けた教師は，解毒できないでいたためにストレスをためこんでいた。そして，事例1では心理士とほかの教師という集団，事例2では心理士がマネージする集団状況に，怒りを排出した。つまり被投影者である教師を，教師集団システムが解毒したのではないだろうか。言い換えれば，入れ子のように二重の投影性同一化システムが置かれたのではないかと考えられるのである（図2.1）。これは図1.1に示された，教師集団の中にあった特定の教員が子どもからの投影性同一化を受け，教師集団から切り離されてしまう状態にあったのを，再度教師集団と当該教員をつなぐために当該教員からの投影性同一化を受ける入れ物として教師集団を使うよう介入しているとも言い換えられる。

　こう考えると，表1.2の心理士の介入の共通点「生徒ではなく教師へ介入し，間接的に生徒を変化させる」についても説明がつく。心理士は，いったんは病理的対象関係に巻き込まれている教師の解毒処理を手伝う容器（受け手）として働いたが，その後は教師と教師自身を取り囲む教師たちの間に図

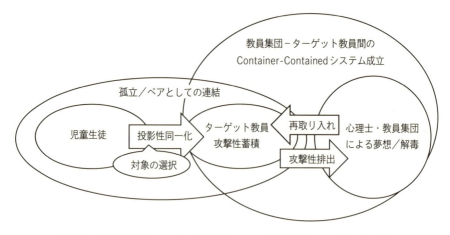

図2.1 「児童生徒とターゲット教員ペア」と「教師集団」の入れ子の関係

2.1のような関係性を作り,解毒処理の機能が動き出すのを手伝った。そのことによって,間接的に生徒を変化させたのであろう。

相違点に見える検討ポイント:残った謎

さて,ここまで考えた時,筆者にはまだよくわからないことがあった。それは,表1.2の相違点に描かれた,もやもやした何かが残ったという現象についてであった。しかし研究を進めながらあの話し合いの瞬間を何度も振り返っていると,澤先生だけでなく,本田先生も大久保先生も,そして心理士もまた,ナオミさんとのやり取りの中に巻き込まれながら,何らかの役割を演じ,ナオミさんから投げ込まれていた感情を感じないようにしていたのだろうと思うようになった。筆者はその時のことを,4年以上経った今でも,考え続けている。

この2つの事例をこころに置きながら,投影性同一化について第1章でも触れたクライン,サンドラー,ビオン,オグデンの著作を読んでいるうちに,

改めて，話し合いの際に不満等を言い合う中で澤先生，大久保先生，本田先生それぞれが蓄積していた言葉にならない投影物（β要素）が集団内に漂うことになったのではないかと確信するようにない。私たちは，話し合いで部屋を，私たちという集団を，β要素でいっぱいにし，それをそのまま抱え，味わったのではないかと感じられるのだ。それは灰色のゼリーのようであり，錆びた鉄くずの山のようであった。感じられたのは鉄のにおいと思ったけれど，もしかしたら血のにおいだったかもしれない。この時の感じをこうして表現しようとすると，私はナオミさんの生きてきた無機質で血生臭くて乾いている世界を想像し，目の奥が熱くなる。しかし，とにかく私たちはそれを言葉にするのではなく，そのまま背負いながらそれぞれの家路につき，また教室に戻ってきたのである。そして，この2日後に変化が起きたのであった。

　この変化は，解毒が時間経過とともに起きたためだと筆者は理解する。そしてこの時点では，投影性同一化理論で筆者が依拠しているビオン（Bion, 1962）の「夢想」の概念に対応するものと考えた。夢想とは第1章の筆者と息子の体験の記述の場面でも触れたが，投影されたものについて思い巡らすことである。ビオンの記述によれば，「夢想する者が愛している対象に由来するどんな「対象」をも自由に受け取るこころの状態であり，だから乳児が良く感じていても悪く感じていてもそれの投影同一化を受け入れることができる。短く言えば夢想は母親のα機能の因子である」（福本訳，ビオン，1984／1999, p.49）と説明される。

　また，夢想とは，受け取っている感情をゆっくりと処理する重要性を強調する用語とも言われるように，自分の中に起きている感情にすぐ意味づけをせず，漂わせておく時間空間を強調している。つまり筆者は，わからないままにしておいた，という点において，そして私たち個人個人がβ要素を保持したというより，集団という現象が保持したように感じられたという点において，この「モヤモヤを皆で体験したら，よくわからないけれど子どもが良くなっていた」という現象に対して「集団の夢想」という言葉を暫定的に置いたのである。加えて，早い判断，実行の求められる学校現場で，よくわか

らない感情をモヤモヤとこころのうちに漂わせておくという感情状態は避けられる傾向にあるが，この状態を「集団の夢想」と名付けることでモヤモヤした状態を維持することも重要であるという価値の転換が教師の内に起きることも意図していた。それにより，投影性同一化を受けた教師の早すぎる排出を防ぐことに繋がるのではないだろうかと思ったからである（この時点から，早わかりせずに，わからないままでいることの重要性を強調したい気持ちでいたのである。のちに筆者にとってこの思いは非常に重要なものに発展していく）。

愛着障害児対応教育モデル
(EMADIS：Educational Model for Attachment Disorders)

　ここまでの理論的検討に基づき，筆者は特に3つの力動，すなわち，投影性同一化の本論での定義と，被投影者である教師を教師集団システムが解毒する力動，集団の夢想，を中心に，目的に述べた仮説的理論モデルを描いた（表2.1）。改めてEMADISについてまとまった説明を，図2.1，表2.1に従って，ここに加えたいと思う。

　まず，EMADISの第一段階は，児童生徒からの投影性同一化が教師に向けられるところから始まる。図2.1で言えば，児童生徒からターゲット教員に向けて，投影性同一化の矢印が向けられ始めるところにあたる。この児童生徒がなぜ投影性同一化を起こすのかは，第1章にすでに示した通りである。この段階で強調したいのは「対象の選択」である。第1章でも触れているし，この後第5章の怒りの力でも触れると思われるが，児童生徒がこの人をターゲットにしようと決めるのは，力のない教師だからではない，ということである。児童生徒からすれば，「この人は私の投影性同一化に耐えられるかもしれない」という希望を持っているからこそ，投影性同一化を向けるのだ。この人と愛情関係を育みたいという相手だからこそ，投影性同一化を向けるのである。このように強調するのは，澤先生と柳沢先生のみならず，実は現場で投

表2.1　制度改正後に起きた知的特別支援学校の問題状況に対する仮説的理論モデル

第一段階： 投影性同一化機制と， 情緒的連結過程の始まり	本論に定義された投影性同一化を児童生徒が起こす。その投影性同一化の対象として選択されたターゲット教師が無意識的・主体的選択によって情緒的連結過程に組み込まれる。
第二段階： ターゲット教師による 解毒の失敗	ターゲット教師が解毒に成功すれば，児童生徒は再取り入れ，成長の道をたどるが，失敗すると病理的対象関係の反復に陥り，児童生徒－ターゲット教師の連結が強烈になるため，教師は教師集団から孤立することになる。
介入： 教師集団内における Container-Contained システム作り	まず，ターゲット教師に蓄積されている攻撃性の排出，解毒，再取り入れから始める。初期介入時はこれを心理士が請け負って構わないが，その後ターゲット教師と，彼を取り囲む教師集団の間にContainer-Containedのシステムを作り，その働きが継続するよう心理士は集団に対して介入する。
第三段階： 二重のContainer-Contained システムの循環	ターゲット教師を中止とした二重のContainer-Containedシステムが循環することによって，ターゲット教師の心理的成長，ひいては児童生徒の心理的成長が起きる。

影性同一化を向けられ苦労している先生の多くが，自身の力のなさを疑い，傷ついている事実を知ったからである。期待されて投影性同一化が向けられるのだ，ということが，ターゲットになっている教師にもその周りの先生たちにも理解されるだけで，ずいぶん楽になることがあるのではないかと思い，強調したかったのである。

　次に，第二段階として，ターゲット教師が解毒に失敗するということを示した。すぐに上手に解毒できる先生ももちろんいるのだが（第3章を参照），多くはないと思う。つまり，児童生徒からの投影性同一化を向けられ，投影されたものの解毒ができないと，過去に同じように解毒をしてくれなかった児童生徒にとっての大事な人たちと同じことをしてしまう（病理的対象関係の反復）。そうすると児童生徒は投影物を処理されないので，不快感は残り続ける。そして，同じパターンで投影性同一化をするというパターンが継続され，繰り返されるがゆえにパターンの強化につながっていく。このようなパ

ターンに陥る教師の態度については第3章を熟読いただきたい。

　そして，このような情緒的連結過程あるいは「2人ボッチ」にはまってしまった児童生徒と教師のペアに対しての介入として，教師が攻撃性を排出することをEMADISでは描いた。これは事例から想定された仮説である。つまり，怒りを向けることが排出につながるのではないかと考えたのである。この，攻撃性あるいは怒りについては第5章で詳細検討を行うのでそちらを参照してほしい。いずれにせよ，攻撃性を排出させ，この攻撃性を向けられ受け止める器，つまり，コンテイナーとしての役割を心理士や教師あるいは教師集団がとることが介入ポイントである。

　以前ある施設でこのEMADISの話をした時に，その施設は組織のほぼ全体がこの病理的対象関係の反復力動に巻き込まれているような状態であったため，やはり内部者が受け止める器になるのは困難であるということが話されたことがあった。心理士や福祉関係者などは外部の者としてこの器によりなりやすい特質があるということは確かに言えるだろう。しかし，この外部者は徐々にその役割が内部に作られた集団システムに移行していけるよう援助することも重要なのではないかと思われる。組織が投影性同一化を処理するシステムになるということは，組織全体の発達に寄与すると想定されるためだ。

　このように攻撃性排出を通して，β要素を排出し，解毒されたターゲット教師は，過去の投影性同一化を受け取ってくれなかった対象とは異なる人として児童生徒に出会い直すことが可能になる。ターゲット教師は児童生徒の投影性同一化の受け手として機能し始める。けれども，ここには継続的なターゲット教師にとっての排出先（器）が必要になる。これを途中で失った教師は，いったん病理的対象関係から抜けた経験があっても，また病理的対象関係に陥る場合がある。この点については第6章と第8章に詳細に示されている。また，これは表の第三段階に該当する部分であるが，これは図には十分に反映されていないことをここに付記しておきたいと思う。

　さてこのEMADIS構築時点では，筆者は愛着障害という用語を使っていた。その意味もここまで議論してきたような限定された意味においてであった。

けれども，この後筆者は「愛着障害」という用語を使うことで，診断的な意味との相違や，母親の問題を強調しているように見られすぎることを鑑み，愛着障害という言葉を使用するのを止めている。むしろ，発達過程や器質性の何らかの要因で投影性同一化に依存し，周囲を疲弊させてしまう子どもたちと，その援助者のモデルと考えるようになった。

　このモデルが一番に利用されるようになったのは，特別支援学校よりもむしろ東日本大震災の見舞われた仙台の地であった。この地では，震災後に産まれ，震災を体験していない幼児たちの中に暴力的で落ち着かない子どもたちが増加しているという。そしてそのような状況の中で幼稚園教諭や保育者たちが疲弊しているという。この幼稚園教諭や保育者たちに対する支援を震災後継続してきた一部の先生方が本モデルに目をつけてくれた。そして，そこには明らかに子どものターゲットになる幼稚園教諭や保育者の孤立の問題があり，また，彼らの怒りを聞き取ることによって状況が変化するのが見出されたのであった。

　筆者はこのモデルを今後，子育て支援のモデルとしても発展させようと考えているが，投影性同一化という，非言語的コミュニケーションによって引き起こされている問題状況の多くをこのモデルが説明する部分があるのではないかと期待している。

　さてこの後，EMADISという仮説を持ちながら，出会った児童生徒とターゲット教師の連結に対して取り組みを続けていった筆者が，何を見て，何を疑問に思い，何を検討していったか，描いていく。徐々にEMADISというモデルに内在する様々な要素が浮かび上がってくるだろう。

[コラム]
自分を責めるこころ，人を責めるこころ：
超自我と無責任

　みなさんにはこのような体験はないだろうか。「〜すべきだ」「〜が当たり前だ」という，さも真実に裏打ちされているような言葉が，暴力的なものとして感じられるような体験が。もし，そのように感じたことがなければ，耳を澄ませてみてほしい。「〜すべきだ」「〜が当たり前だ」あるいは「私たちは間違ったことは言っていない（だからいいのだ）」という言葉の裏にあるかもしれない，別の攻撃的な意図に。あるいは，「〜すべきだ」「〜が当たり前だ」と血眼になって主張する人の一部が時折見せる，ある種正気を失っているような姿に。あちらこちらにこのような例は見出せるはずだ。

　哲学者のニーチェやスピノザは，客体の中に完全と不完全，善や悪があるのではなくて，それは主体が判断するものだと言っている。筆者がこのことを気にするようになったのは中学生の頃だった。中学生の女子というのは古今東西人間関係でいろいろあるものだが，私もまた，仲の良い友達が周囲から悪口を言われているのを知ることとなった。怒りながらいろいろと考えた。そして，「あの子は性格が悪い」というような言葉は「あの子が気に入らない」という好みのことを表しているのであって，他者に同意を求めるような質のものではないだろうと結論づけた。そのうえで悪口を言っている子たちを非難したのだ。私のその時の結論は，ニーチェやスピノザを表面的に受け取ったような意味で正しいかもしれないが，悪口を言っている子たちを知的な理由付けを盾にして非難した私も同罪である。つまり，私の敵たちは主観的な好みの問題を「あの子は性格が悪い」という，さも厳然として存在する

善悪規準に基づいたかのような言葉によって偽装することで，自分の敵意，妬みや嫉み，支配欲，そして自信のなさを隠しているというのは確かかもしれないが，同時に私も，知的な武装によって，さも自分はより洗練された基準を提示しているような風にしながら，怒りや蔑み，支配性を武装しているのである。非常に中学生らしい，精神的に未熟なやり取りである。

　善悪の判断というのは，主体の精神成熟の度合いに依拠する部分がある。よって，成熟した善悪判断のためには成熟した精神が必要なのである。そうでないと善悪の基準は，自己防衛，自己欺瞞，快楽のために容易に用いられる。未熟，あるいは疲弊した精神が善悪の判断を行うと，ご都合主義に陥るのである。自分の気に入らない相手を責めるために相手のあらを探して，「～べきではない」と責め立てたり，あるいは人に文句を言うのは得意ではない，自分を責めるのは慣れていると自分を責めてうつうつとするのである。

　このようなご都合主義的な道徳の使用から成熟した道徳的判断までのスペクトラムを精神分析は「超自我」という概念で説明する。超自我は，道徳規範と望ましい目標と理想を作り上げ，それらを維持する機能を担う心的システムであると説明される。これは幼児期に両親の態度やしつけなどを通して取り込まれた道徳律が基盤となり，その後の社会経験の中で集団のルールやより広い社会での常識などを知り，体験することによって，両親の影の抜けた脱人格化したものに変容していくのである。例えば，小学校低学年の子どもは虫を残虐に殺したりと，自分の本能に対して寛容であるが，周囲の仲間に対しては信号無視を許さず教師に告げ口するなど，驚くほど厳しいことがある。そしてこの時，仲間から責められたり，鼻をへし折られるような痛みを伴う体験をすることも，成長のための良い経験となる。あるいは思春期の頃になると，家のルールと社会のルールの違いに葛藤を覚え，親に反抗することがある。そして，ルールの裏に人間の葛藤や劣等感，あるいは形はどうあれ誠実でありたいと願う欲求など，人らしさが隠れていることを知る。このように私たちは発達段階の中で，自らの持っている超自我の使い勝手や超自我そのものの内容に対して葛藤を感じ，時に傷つきながら，徐々に自分固

有の良心を持った個人として発達していくのである。

　さて，この時に筆者は「自我」と「超自我」を分けて考えることが有用であると考える。自我とは，環境と，自分の中の本能的な部分と，そして超自我の要請の三者の妥協点を見つけ，最も良いと思われる行動を決定し，実行する機関である。簡単に言うと，衝動的な人は本能的な部分を，「社会性のある行動をすべき」などの超自我の援護を受けた自我によって押さえつけることができずに，現実に即さない行動をする人であり，不満を自分にため込みすぎる人は「人に迷惑をかけるべきではない」などのべき論をかたくなに遵守する超自我に立ち向かうことを諦めて，状況如何で態度を変えるような柔軟な自我の機能を損っている人たちとも言える。このような例に見られるように，自我は自我そのものの成熟度，あるいは調子の善し悪しによって，超自我を上手に使えたり，使えなかったりするのである。

　冒頭に述べた，「〜すべきだ」の言葉が使用される場合に戻ろう。その「〜すべきだ」という言葉は主体のどういった態度によって発せられているのだろうか。主体の内省と注意深い環境の分析に基づいているのだろうか。そのうえで発せられた「〜すべきだ」は慈愛に満ちた教育的な意味があると予想される。主体の熟考に基づいているという意味において，それは愛情に基づいた言葉と言っていいだろう。そうではなく，熟考なしに発せられた「〜すべきだ」は，主体の持つ敵意や支配性といった全く別の感情を正当化するために用いられた印籠のようなものなのかもしれない。主体も自らの敵意や支配性に無自覚であるし，自らの主張を正当だと考えている。

　善悪とは，主体が判断し行動するのに用いる1つの基準に過ぎず，絶対ではない。それこそ，べき論に対して絶対的に正当であると思い込んでいる時ほど，果たして自分は広い視野で状況を捉え，自らの欲するところを省みているかどうか，思慮深く検討しているかどうか，そのことについて振り返ることが必要になるかもしれない。

第3章

教師たちの見た世界：
孤立無援状態から自信を取り戻すまで

教師の側の要因

　さて前章までに，指導の難しい児童生徒と教師の相互作用を説明した。そこでは，病理の反復（繰り返し）である出口のない相互作用から教師が抜け出し，児童生徒を発達させ得る相互作用に関係を転換させるためのモデルEMADISを，主に投影性同一化理論に基づいて構築した。
　しかし，前章でも少し触れたが，「頼らない／頼れない」学校文化と，教師を孤立状態に導く投影性同一化力動の二重の影響から，巻き込まれ状態に陥った教師に対する支援が困難を極めることは筆者の実感するところである。頼れと言われて頼れたり，怒れと言われて怒れるなら苦労はない。
　EMADISを作った後，筆者は自分の支援している，あるいは支援した事例をいろいろ振り返った。しかし，その中にはどうもEMADISで説明しにくい事例があった。その事例とは，児童と教師集団が強烈な投影性同一化の病理の反復関係にあったのだが，新年度を迎え担当教師集団が総入れ替えになって半年後，児童の問題行動はほとんど目立たなくなり，教室の中で授業を受けたり，集団活動に従事できるようになるという成長を見せた，というものであった。孤立と協働という文脈で言えば，前年度の教師集団は協力が難しく，筆者はどちらかといえば人間関係のこじれの方に苦慮したように思う（恐

らくこれもまた，投影性同一化によってもたらされた混乱であった)。しかし次年度教師集団は，担任チームを中心に学年全体が協力体制をとれた。これもまた劇的な違いであった。このように，次年度教師集団においては投影性同一化を強烈に示す児童生徒にかかわり，投影性同一化を浴びている教師たちが，孤立もせず，精神的に参ってしまうこともなかったのである。支援していた筆者からすれば，前年度の教師たちが「うまくやれた」という体験を噛みしめて次の年度を迎えることをサポートできなかったことが大変悔しいことであったし，なんとも自分の力不足を感じさせる件となったわけだが，それだけに，この違いは何だったのかという疑問はぜひとも探求したい問いであった。

そもそもEMADISに従うならば，投影性同一化を頻用する児童生徒との結びつきが形成されると，教師は自動的に病理的関係の反復に陥り，孤立するというように説明されている。これは，児童生徒から発せられる力動＝投影性同一化を軸にモデルを描いたために，そのような説明になってしまったのだが，上記の事例の中にある問いに迫っていくためには，教師の側の要因に目を向ける必要があるのではないかと思われた。つまり，教師がどういった資質，態度，心情，心理学的な強さ－弱さを持っているかという教師側の特徴如何で，病理的関係に埋没しやすかったり，あるいは病理的関係に埋没することなく発達促進的関係を構築できるのではないかという問いである。これは，教師の訓練プログラムを構築するなど，次の手立てを考える知見をもたらすはずである。

そこで次に，上記の事例において，教師たちがどのような体験をしていたのかに焦点を当て，病理的関係に埋没している時や，そうではない時の「教員側の要素」を明らかにしようと試みた。

〈事例3〉

　知的障害特別支援学校の生徒であるユウキ君とその担任を中心とした教員チームを紹介する。ユウキ君と教員チームの概要は次のとおりである。
　ユウキ君は13歳の中学1年生であった。この1年前，公立校の中にある特別支援学級から知的障害特別支援学校に家族の希望で転入してきた。ユウキ君は広汎性発達障害，ADHD，自閉症，中度知的障害の診断を受けていた。
　家族と同居していたころのユウキ君は，特に母親への「死ね」「消えろ」「くせえんだよ」といった暴言や，手あたり次第物を投げるという暴力行為が顕著だった。また，リビングへの放尿や服のまま風呂に飛び込む等の行動を突発的にとっていたことも家族の気持ちを荒立たせる要因だった。これらの行動に対処できなかった両親は，ユウキ君を小6の時に障害児入所支援施設に入所させた。ユウキ君は家族とは3カ月に1度程度の面会時（2時間未満）に会えるだけとなった。
　ユウキ君は特別支援学級在籍時も突然の暴力，暴言，奇声，他児への暴力の問題を見せた。特別支援学級の勧めと施設入所を機に，知的障害特別支援学校に転入した。彼は入学後すぐに担任の40代女性担任に対して暴力をふるいだした。例えば，ラジカセなど手あたり次第投げつけたり，唾を吐きつけたり，こぶしを挙げて脅したりなどした。それと同様に，性的／卑猥な言葉かけは女性担任を精神的にとても疲弊させた。そしてこの担任は抑うつ状態に陥った。体重はみるみる減少し，学校に来るのが怖くなり，毎朝吐き気をもよおした。休みを取ることもしばしばだった。担任が対応できない時には，担任外の教師（40代女性）が対応することとなったが，この2人の教師を中心とした教師間の人間関係が問題となりはじめた（先にも少し触れたが，投影性同一化の作用を受け続けているとその関係者の間に人間関係上の問題が起きるのはよくあることである）。そして2人ともに精神状態の悪化を来した。2人の精神状態のケアが優先され，ユウキ君への2人による指導はストップす

ることが決まった。そして，フリーな位置でコーディネーターとして学内全体を見る立場にあった教諭（30代男性）がユウキ君に1対1で対応することになった。

その後新年度になり，20代女性教諭と新たに着任した20代男性教諭が担任になった。新学期になってもユウキ君の問題行動は見られたが，この2人から無力感などが聞かれることはなかった。そして半年後には，ユウキ君は同学年生徒との仲間関係を発展させていた。もちろん，授業への取り組みも落ち着いたものになっていった。

この一連の流れの中で心理士は，ユウキ君の観察およびユウキ君にまつわる連携会議に出席し，ユウキ君の心理学的理解と各教師の教育技術の精度を上げるためのコンサルテーションを行っていた。

このように同じユウキ君に対して，病理的な関係を反復させてしまった先生たちと，教育的／発達促進的な関係を構築できた先生たちがいた。この違いは何だったのだろう？　この点について検討するために，筆者はこの目的を説明したうえで，先生方の日誌，連携会議の記録，心理士らのユウキ君の観察記録を集めさせてもらった。そして，先生方にインタビューを行った。これらのデータをKJ法（川喜田，1967；1970）という手法を用いて分析した。これらのデータ収集や研究発表，論文公表に際して，先生方および彼らが所属する学校の校長に対し，研究目的と方法，匿名性にかかわる情報処理方法について個別に直接説明したり，発表論文について事前にチェックをしてもらうなどの手続きを踏んだ。

分析結果

詳細については，もととなっている論文（大橋，2019）を参考にしてほしい。ここでは一般にもわかりやすく必要と思われる部分だけを説明するにとどめたいと思う。

表3.1 ユニット，カテゴリー，サブカテゴリーのまとめ

EMADIS対応ユニット名	カテゴリー	サブカテゴリー	
病理的対象関係の反復	受身	受け身な取り組み	
		児童生徒に振り回される	
		場当たり的対処	
	孤立	児童生徒への被害妄想	
		同僚への被害妄想	
展開位相	孤立とネガティブ思考の反復からの脱却	困っていることを口にする	
		周囲の存在に気づく	
		楽観的になる	
		児童生徒について深く理解しようとする	
発達促進的関係の展開	能動的な仮説検証過程	状況の俯瞰的把握（観る）	精神内的
			外的
		今ここで選択される対処法（介入する）	生身の個人の活用
			技術の活用
			チームの活用
	現実感に支えられた効力感	腑に落ちる	
		児童生徒の変化を喜ぶ	
		待つ	
	学級の中の一児童・一生徒として見る	学級集団への介入	

　先に挙げた日誌等の資料はKJ法による分析手続きを通して，表3.1のようにまとめられた。

　以下に，この詳細について説明する。ユニット名は【　】で，カテゴリー名は『　』，サブカテゴリー名は〈　〉で示しながら，それぞれのカテゴリーの説明を記す。その際，該当する切片を「　」で示している。この記述には，

教師たちの奮闘や生きた姿が垣間見られると思う。彼らがユウキ君に対峙する姿を想像しながら読んでいただければと思う。

　【病理的対象関係の反復】　このユニットは『受身』と『孤立』の2つのカテゴリーから成っていた。『受身』は，「心理士に言われた通りやったけど効果がなかった（と報告したきり自分で対処法を考えようとしない）」や「学年が無事に変わるのを待つだけ」といった発言などのように，自分で考えて行動することを止めてしまっている〈受け身な取り組み〉，「（ユウキ君が）前触れなく突発的に攻撃してしまうので止めようがない」のように，児童生徒の行動に後追いで対応したり，「（ユウキ君に）嫌悪感を持たざるを得ない」という発言に見られるように児童生徒に対する感情をコントロールできなくなる〈児童生徒に振り回される〉，そして「（特にそういう申し合わせがあったわけではなく，打つ手がないために，）教員に対する暴言に対しては，なるべく無表情，無反応にするようにしているが，それでもしつこくせまるのでなかなかうまく対応できない」という報告や，「とりあえず距離をとった」という発言などに見られるような〈場当たり的な対処〉の3つのサブカテゴリーから成っていた。

　また『孤立』は，「私が怖がっているのをわかっているから，ますます私のことを弱いと思って私に暴言暴力を振るってくるのだと思う」といった発言に見られる，〈児童生徒に対する被害妄想〉，つまり，自分の無力感や不安感，怒りを児童生徒に投影して被害的な位置をとるものと，「○○先生は私のことを担任のくせにユウキ君の対応ができないで，と思っている」や「誰も助けに入りたくないですよ，ユウキだもん」といった発言に見られる，〈同僚への被害妄想〉，すなわち，自分の不安，無力感，助けてくれない怒りや依存心の満たされなさを他人に映し見て，被害的な位置をとるものの2つのサブカテゴリーから成っていた。

　【展開位相】　このユニットは『孤立とネガティブ思考の反復からの脱却』の1カテゴリーから成っており，「どういう方策をとったらいいかもわかってなくて，……全然わからないと言ってみた，辛いから助けてって言うのは本

当に難しいんだけど，大変でしょうと言われて，はい，って」といった発言などに表れている〈困っていることを口にする〉，「言えば助けてくれるんだって気づけたのは大きい」や，「大変そうだなって見ててくれたんだなって」といった発言に見られる，孤立無援なのではなく，周囲に同僚がいたことに気づく〈周囲の存在に気づく〉，また，「（ユウキ君の指導中に）骨折したことは別にそんなに大変じゃない，どうしたらいいかわからない方が大変。今は何とかなる感じがしているから楽です」といった，現実的に児童生徒が変化したわけでもないが，指導に対して希望をもって前向きになっている〈楽観的になる〉，「はじめはユウキ君を中心に，その根源はどこなのか探ってた。引き継ぎのところで，根源についての申し送りみたいなのが，まだまだこれじゃ薄いかな，っていう感じがあって。とりあえずでも，前の学年の先生から，言われてることを整理する，わたしの中で整理する必要があるかな，で，前の先生はこういう方法とってたけど，もしかしたら理由はこうじゃないかもしれない」や「もしかして荒れる前に何かあるじゃないかって過去の日誌や連絡帳を全部調べたんです。そしたらやっぱりあった」といった〈児童生徒について深く理解しようとする〉の，4つのサブカテゴリーから成っていた。

【発達促進的関係の展開】 このユニットは『能動的な仮説検証過程』『現実感に支えられた効力感』『学級の中の一児童・一生徒として見る』の3カテゴリーから成っていた。

『能動的な仮説検証過程』は，〈状況の俯瞰的把握：精神内的〉〈状況の俯瞰的把握：外的〉〈今ここで選択される対処法：生身の個人の活用〉〈今ここで選択される対処法：技術の活用〉〈今ここで選択される対処法：チームの活用〉の5つのサブカテゴリーから成っていた。それぞれのサブカテゴリーにあたる切片の具体例としては，〈状況の俯瞰的把握：精神内的〉は「ずっと一緒にいると自分が煮詰まってくるというかこころがどんどん狭くなっちゃって，そうなったら〇〇先生にちょっといいですか，って変わってもらったり」という発言などが挙げられる。これはつまり，自分の内的な状態をその時々の指導方針を決定するデータとしているということである。また，〈状況の俯

瞰的把握：外的〉は「(親と再会したが，すっと親が帰ってしまった後，教師に暴力行為をし，トイレに駆け込み，トイレで便器の水を頭からかぶったり，ホースで水をあちこちに撒き出したユウキ君に対応した時，荒れても) 仕方ないだろうな，と思ったんですよね。でも，僕を見るとエスカレートしてしまうだろうから，僕はトイレの外で様子を伺って，少し静かになったと思ったらトイレに入って。泣いてたんで，辛いんだろうなって思って声を掛けました」という発言などが該当しており，その前に起きたさまざまな出来事や，積み重ねてきた児童生徒の理解と目の前の児童生徒の状態の因果関係を考え，今目の前の児童生徒の状態を把握していくものである。〈今ここで選択される対処法：生身の個人の活用〉は，「自分がユウキ君の担当だって覚悟してますから，いざとなったら僕が壁にならなくちゃいけない」という発言のように，生身の人間としてのかかわりが必要だと思う時にはそのように対処しようとするものであり，〈今ここで選択される対処法：技術の活用〉は，「情動の発達を進めるために，イライラモード，ゆったりモードとかモードをいくつか絵にして，メーターを作った。それで，今自分がどんな状態なのか表現させる習慣を作った」という記録に見られるように，これまで持っている教育技術を応用してその児童生徒の状態に適していると思われる技術を，時にはオーダーメイドで作り，用いたことが例として挙げられる。そして，〈今ここで選択される対処法：チームの活用〉は，「隣のクラスの，大谷先生と小宮先生，こっちの状況が大変だと向こうの教室に，ユウキ君以外の子を避難させてくれたりとか，こっちがユウキ君につきっきりで抜けてしまったりすると，気にかけて見に来てくれたりとか，お願いしていました」という発言などに見られるように，児童生徒の情報を共有しておいた上で，必要に応じて助けを求める例が該当した。

『現実感に支えられた効力感』は，3つのサブカテゴリーから成っていた。〈腑に落ちる〉は，「ああ，こういうことなんだ，ってわかった感じがあって，それからは楽です」といった，現実的な経験に基づいた，いわゆる「Aha」体験が当てはまる。また，「(ユウキ君が全校での集会に参加する姿を見て) そ

れ見た瞬間に，もう，こみあげてくるものがあって，すごいなあって思って」といった，こころから児童生徒の変化成長を喜んでいる〈児童生徒の変化を喜ぶ〉，「ちょっとイライラしても，爆発するんじゃないかと不安になるんじゃなくて，大丈夫だろうって思える」といった，様子を見ていられるようになる，〈待つ〉から成っていた。

　そして『学級の中の一児童・一生徒として見る』は「ナオキ君（同学年児童）もユウキ君を怖がってるけど，あれはやりすぎ。ナオキ君にとってもユウキ君とやりあって成長できる部分がある」や「ユウキ君のことは別に，それより，ユウキ君に隠れてたけど，アイコさんやヨウスケ君（同じクラスの児童）も結構問題。子ども同士の関係を動かしてみてどうやれるか」といった発言などに見られる，対応の困難な児童生徒だけに着目するのではなく，彼らを学級の1人の構成員として俯瞰できるようになる〈学級集団への介入〉から成っていた。また，これらのカテゴリーの関係性を図解化したものが図3.1である。さらに，図3.1を叙述化したもの（ストーリーライン）を以下に示す。

　ストーリーライン　【病理的対象関係の反復】状態に陥っている教師は，『受身』な状態，つまり，自分で考えて行動することを止めてしまっている〈受身的な取り組み〉の結果，児童生徒の行動に後追いで対応する〈児童生徒に振り回される〉状態や，〈場当たり的な対処〉を行ってしまうために，結果，自信を失っていったり自分を責めたり，周りからの評価におびえるようになったりしていく状態に陥る。それが，〈児童生徒への被害妄想〉や〈同僚への被害妄想〉といったものとして体験され，『孤立』感を深めていく。しかし，〈困っていることを口にする〉ことができると，「それまで思っていた，孤立無援な状態と違った」とこころが緩み〈周囲の存在に気づく〉体験をし，〈楽観的になる〉ことができる。すると，〈児童生徒について深く理解しよう〉という関心に従った能動的で主体的な態度が賦活する。このような『孤立とネガティブ思考の反復からの脱却』が起きる【展開位相】を経て，【発達促進的

関係の展開】が起きる。ここでは〈児童生徒について深く理解しようとする〉態度が，『状況の俯瞰的把握』，すなわち，今ここでの児童生徒の〈外的〉状況を観ることや，その児童生徒に対峙している自分自身の〈精神内的〉状態の把握を可能にし，これらの今この瞬間のデータに基づいて，最善と思われる『今ここで選択される対処法』によって介入することにつながる。その介入方法は，教師という〈生身の個人の活用〉といった，覚悟を決めた体当たり的なものあるし，これまで学んできた教育〈技術の活用〉をすることも，また助けを求めて〈チームの活用〉をすることもある。また，その介入結果をまた観ることで，次の介入方法を産み出す，いわば『能動的な仮説検証過程』が展開すると，児童生徒について，ああ，こういうことか，と〈腑に落ちる〉体験が起き，同時に児童生徒の小さな成長も把握できるようになるため，頻繁に〈児童生徒の変化を喜ぶ〉ことができるようになる。また，児童生徒に対しての信頼感や，自分への効力感が増すために，児童生徒を〈待つ〉こともできるようになる。このような，『能動的な仮説検証過程』によって児童生徒への信頼感や自分への効力感が現実的なものとなり，『現実感に支えられた効力感』は高まっていく。すると，学級内の他の児童生徒にも目が向くようになり，問題視していた児童生徒を『学級の中の一児童・一生徒として見る』ことが可能となる。そうすると，友人関係や，クラス単位での活動を利用して，それぞれの児童生徒を成長させるような計画を立てるなど〈学級集団への介入〉を楽しみながら主体的に計画実行するようになり，ますます効力感が高まる。

主体性の回復と展開

　この研究は，投影性同一化を頻用するために対応困難となる児童生徒との発達促進的関係を，知的障害特別支援学校教師が持てるようになるための教師要因を抽出することを目的として行われた。そして，病理的対象関係，展開位相，発達促進的関係の展開プロセスに並行して，受身的で自己コントロー

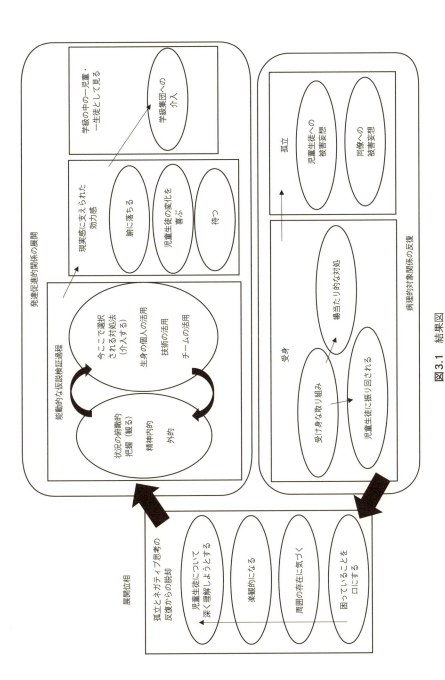

図3.1 結果図

第3章 教師たちの見た世界：孤立無援状態から自信を取り戻すまで

ルを手放した状態から，能動的に問題解決に向かう態度の変化が見いだされた。これは言い換えれば，主体性の回復ということになるのではないだろうか。つまり，「内的及び外的な根拠に基づいて他者の判断や見解を参考にしたとしても，それを鵜呑みにするのではなく意識的に自ら吟味し，確かにそうだと是認する（上地，2015, p.28）」態度が回復し，その結果，問題解決的に動けるようになるということである。そこで，各ユニットを経るに従って，教師の態度や体験にどのような転換が起きていたのか，「主体性」の観点を軸として以下に検討を進めていく。

1.【病理的対象関係】ユニットに見られた受身的態度

EMADISに従うなら，このユニットは病理的対象関係が反復されている状態であり，その状態に埋没している状態である。この状態は，投影性同一化に巻き込まれ，無意識的な力や集団力動に支配されているという意味においても，「主体性」を失った状態だと言い得るだろう。

また，『受身』において，自分で考えて行動することを止めてしまっている〈受け身な取り組み〉という態度が〈児童に振り回される〉ことや，うまくいくはずのない〈場当たり的な対処〉という行動結果をもたらすことが示されたが，これは考えることを止めるがゆえに失敗体験を積み重ねるプロセスを示していると言えるだろう。

そして失敗を重ねるからこそ，自尊心が下がり，助けてほしくとも自分には助けてもらう価値がないと思ったりする。こうなると，周りの目が気になり，ますます助けを求めることは困難になり，『孤立』感は募っていくだろう。佐瀬（岡田ほか，2013）は，教師が1人で抱え込むようになると，他人と自分を比べて深みにはまっていくと述べているが，このような他者の目を気にして孤立していく状態は教師にとってなじみのあるもののようである。

こうして，仕事に対する自信も対人関係に対する信頼も傷つけられた状態が続けば精神健康が悪化するのも理解できる。このように見ると，主体性を失うからこそ，転がり落ちるように精神健康上の問題が起きるのだと言えそ

うである。

2.【展開位相】ユニットに見られた変化

　このユニットは，1カテゴリー4サブカテゴリーから成っていたが，叙述にも示したようにサブカテゴリー間の順序性が想定されていた。

　1つ目の〈困っていることを口にする〉は，モデルEMADISでは「攻撃性排出」にあたると思われる。「攻撃性排出」という用語の選択は，大橋（2017）の2事例において見られた現象からのものであり，さらに臨床的介入技術の視点が反映した記述であるが，投影性同一化理論に基づくのなら，β要素の排出，つまり「感覚印象のまま"消化"され難い（福本，2007）」要素で，個人の欲求不満耐性の脆弱さゆえにこころの中に保持しておくのが困難となり，「排泄（Bion, 1984／1999, p.25）」のやり方で投影性同一化を通して自己外に投げ込まれる現象に当たる。本研究で得られた結果とこの記述は概ね一致すると思われるが，異なる部分もある。細かいことではあるが，その違いに少し目を向けてみたい。

　ここで得られた〈困っていることを口にする〉というのは，大橋（2017）の事例に見られる，いわゆるβ要素の「排泄」のように，衝動的で訴えもはっきりしない，動物の叫びのようなものでもいいし，本研究データで見られたような「全然わからないって言ってみた」というような，まとまりのある訴えでもよいと筆者は考える。みんなの前で涙をこぼして言葉が出ないのでも構わない。ともかく，怒り，無力感，嫌悪感，自責感，依存心，どんな情緒の形態をとっていてもよいから，教師の口からこぼれる言葉の上に，あるいは表明される態度に，しっかりと情緒が乗っていて，他者に運び伝えられる，ということが重要なのだと考える。つまり，実感が発せられ，他者に届くことが重要であるということだ。

　そして，そのこぼれ落ちた気持ちを誰かが受け止めてくれたなら，たとえ具体的な解決を周囲がもたらしてくれなくとも，データに見られたように，「あ，思ってたのと違った。もっと孤立無援な感じがしたけれど，そうでもな

かった」と緩むような感覚を得ることができるようだ。これが，〈周囲の存在に気づく〉である。先ほど，【病理的対象関係】ユニットの説明において，主体性を失った教師が孤立し，精神健康に悪影響を受けるプロセスを示した。この脱却しがたい主体性を失った孤立状態から抜け出る分水嶺が，この体験の中にあると考えられる。この点についてもう少し掘り下げて考えてみたい。

　少し体験的記述になるが，【病理的対象関係】ユニットにあったような精神状態から抜け出る際に，「なあんだ」というような緊張が緩む感覚を伴うのではないかと推察する。というのも，〈周囲の存在に気づく〉に該当する切片を語ってくれた教師たちから，苦笑しながら，なんだ，こんなことだったのか，という様子を観察できたからだ。それを見ていた筆者は，「幽霊の正体見たり，枯れ尾花」と気づいた時の苦笑に隠れているホッとする感覚を連想した。つまり，安心感がそこにあるのを感じ取ったのである。

　そして，この安心感はある種の楽観性の取り戻しに寄与するのではないかと考える。なあんだ，こんなことだったのか，と感じる際に，(時に気恥ずかしさも感じながら) 気が大きくなるのは，経験的に覚えのあることではないだろうか。このように改めて記述してみると，〈周囲の存在に気づく〉時に，実は安心感の取り戻しが起きており，安心を感じることを契機に，無意識や集団力動に支配され我を失ったような状態である【病理的対象関係】の反復状態から，現実感覚の取り戻しに至り，安心から〈楽観的になる〉こともまた起きるということなのだと改めて気づく。この点については推測に過ぎないので，改めて検証が必要である。

　さてこの後，〈児童生徒について深く理解しよう〉という態度への発展が分析から示された。本研究の研究協力者は基本的に皆，教師としての理想や教育への情熱を持って特別支援学校教師になった人たちだった。また，それぞれの教師たちは，集団でのミーティングだけでなく，個別に臨床心理士である筆者に頻繁に質問やコミュニケーションを投げかけてくれる，ある意味心理士に親しさを感じてくれている人たちでもあった。こういった教師個人の特徴と，教師と心理士の関係性についての特徴を挙げるだけでも，〈楽観的に

なる〉ことに続いて，他の要因なしに〈児童生徒について深く理解しよう〉と展開するのかどうか疑わしい。しかし，〈児童生徒について深く理解しよう〉という態度への発展は，主体性の取り戻しという文脈において非常に重要な展開である。よって，この〈楽観的になる〉から〈児童生徒について深く理解しよう〉とする態度への展開についてはさらなる検討が必要と思われるが，今回は，〈楽観的になる〉と〈児童生徒について深く理解しよう〉と思えるようになるという前提に立って，その理由について考えてみたい。

　〈楽観的になる〉の例として「（ユウキ君の指導中に）骨折したことは別にそんなに大変じゃない，どうしたらいいかわからない方が大変。今は何とかなる感じがしているから楽です」という語りが挙げられた。まずこの語りを使って考えてみたい。というのも実は，筆者はこの語りを聞いた時に衝撃を受けたのである。「え？　骨折していたのを忘れる？　それで，彼のことはわかるから楽だと？」と。【病理的対象関係】にある先生たちがいつも児童生徒からの被害や問題行動ばかりを訴えるのに比して，骨折という大問題を抱えているにもかかわらず，そのことを忘れて，どうにかなりそうだと言う教師が目の前にいる。実に衝撃的であった。おそらく，同じように【病理的対象関係】の反復状態にある者が骨折したとすれば，ユウキ君から受けた危害か，危害を受けた自分に注意が焦点化されるような訴えを続けるだろう。「ほら，骨折なんてしてしまった！　やはりユウキ君は危険な生徒だ。私はつらい！」というように。

　これはつまり【病理的対象関係】の中にある時は，すでに先入観としてできあがっている加害者ユウキ君と被害者教師といった加害－被害，支配－被支配といった構図／ストーリーに当てはまる出来事にばかり着目してしまうということなのだろう。そして，そのストーリーに合致した出来事を収集しては，無力感を増幅させるということをしているのだろう。私たちは先入観という眼鏡をかけて，その先入観を証明するかのような主観的な解釈をしょっちゅうしている。

　さて，この骨折した教師は，骨折しているのだから，恐らくその突発的な

暴力に対処できてないのである。未然に防げていないし，彼の暴力を抑えられていないのである。けれども，「彼のことはわかりやすい」「わかるから大丈夫」「どうしたらいいのかわからない方が大変」というようなことをニコニコと語り，骨折したのを忘れていたと言う。彼女の言うところの，「わかる」とか「どうしたらいいのかわからない方が大変」というのはどういう意味なのだろうか？　彼女は実は，インタビューの他の個所でこのようにも語っている。「問題行動ばかり見て，その根っこを押さえられていないと，方針は立たない」と。つまり彼女が見ているのは，問題行動なのではない。それを引き起こした子どもの内面，こころのはたらき，動機なのである。

　この楽天的な教師は，想像するに，そのようなストーリーに支配されるのではなく目の前のユウキ君のその時々を見て，ユウキ君が投げたラジカセと自分の折れた指を見るのではなくそれをしたユウキ君の内側に関心を向けたのだろう。つまり，「ユウキ君はなぜ今ラジカセを投げたのか」，という原因に関心を持っていたのであろう。私たちは先入観に支配されて，出来上がったストーリーの中にいる時，そのストーリーに合った「結果」だけしか見ることができない。しかしこの楽天的な教師は，その先入観から自由になっており，その時々の彼のこころの内側に目を向けることができていたのであろう。

　この先入観から自由な原因帰属，つまり主体的な思考過程（＝主体性）は，楽観的になった時点から始まっているのだろうと考える。ネガティブなストーリーから自由になっていない限り楽観的であるのは難しいだろうから。つまり重要なのは，先入観からの解放である。先入観から解放されると，「思っていたのと違うかもしれない」といった固定化された原因帰属への疑問視や，「もっと知りたい，わかりたい」という児童生徒に対する関心の高まりが起き，〈児童生徒について深く理解しよう〉という行動につながるのではないだろうか。

　先にも述べたようにさまざまな要因が関与して起きているプロセスだとは思うが，上記のような過程を経て，〈楽観的になる〉と〈児童生徒について深く理解しよう〉と思えるようになるのではないかと推察する。

3.【発達促進的関係の展開プロセス】にいられた問題解決に向かう態度

　このユニットにおける教師は，一貫して教室の運営への主体的，能動的態度を維持していることが特徴的である。まず，『能動的な仮説検証過程』であるが，これはまさにアセスメントと言われるものである。教師からすると「見通し」という言葉がわかりやすいだろうか。

　先ほどの先入観の話を繰り返すことになるが，教育現場にいると，申し送りあるいは前評判や診断結果を受けて，その情報から作られた先入観に従って子どもを評価し，目の前の子どもをよく見ようとしない状態を多々見受ける。これは，教育現場だけでなく，臨床心理の現場であっても，医療の現場であっても同じことが起きているのではないかと筆者は危惧している。実際に介入者（教師，心理士，そのほか対人援助職者）が目の前の子どもに良い影響を与えたいと思うのであれば，介入者自身と子どもの関係の文脈抜きに子どもの変化はあり得ないのだから，申し送りや診断は1つの情報として，介入者が目の前で起きていることを観て仮説を構成し，その仮説に基づいて介入し，その結果をまた観て仮説を修正展開していくこと抜きに，意味のある介入をすることは難しい。先に主体性の定義を「内的及び外的な根拠に基づいて，他者の判断や見解を参考にしたとしても，それを鵜呑みにするのではなく，意識的に自ら吟味し，確かにそうだと是認する態度」と記述したが，アセスメント過程はこの主体的態度なしには成立し得ないことがわかるだろう。よって，ここでは，主体性が回復したがゆえに，対人援助職において求められるアセスメント過程が動き出した，と考えられる。

　もう1つ注目したい点は，〈状況の俯瞰的把握：精神内的〉すなわち，教師自身の精神内的体験を観ることに基づくアセスメントである。精神分析的立場における転移の分析や，愛着療法などのエナクトメントを重要視する心理療法においては，心理療法家の内省を重要なデータと考えることに馴染みがあるが，必ずしも教師（あるいはほかの対人援助職）にとっては馴染みあるものではない。しかし第1章の投影性同一化と夢想の説明の中でも記したように，相手といる中で自分の体験していること，自分の中に湧き上がってく

る感情に目を向けてこそ理解できる，相手の世界，あるいは自分と相手の作りだす世界がある。このように相手を理解しよう，相手と自分の関係性を理解しようとする時に，自分のこころの中の世界を内省しようとする態度は，主体的感覚なしには不可能である。改めてここで，精神内的体験を観るということが主体的な態度によって可能となることを強調しておきたい。

　そして，自己関与感覚をはっきり持って仮説検証的な過程を経験することによって，教師自身の現実感に支えられた見通しが磨かれていくということになるのだろう。それが地に足の着いた真の自信，効力感につながり，児童へも自分にも信頼を深めていくことに通ずる。確固たる信頼感に基づいて，視野が広がり，介入も学級集団全体へと拡がっていくのだろう。

　ここまで3つのユニットにおける教師の態度の変化を示した。これをまとめると，我を失った状態にいた教師が困り感を口にすることで，それを受けてくれる他者の存在に気づき安心感が得られる。そうして楽観的な感覚を得て，児童生徒への関心を取り戻した教師が，良いアセスメントサイクルを通して現実的な自己効力感を積み重ねていく，という，主体性の回復プロセスと言えるだろう。

　またこの叙述より，「受身から能動という主体性の回復プロセス」が，この図全体の中核となる概念であると思われた。そこで【病理的対象関係の反復】【展開位相】【発達促進的関係の展開】というユニット名を，本研究の分析を通して新たに抽出されたユニットとして【主体性の喪失】【展開位相】【主体性の回復】と命名し直した（表3.2）。

表3.2 EMADISに対応したユニット，カテゴリー，サブカテゴリー表

EMADIS対応ユニット名	ユニット名	カテゴリー	サブカテゴリー	
病理的対象関係の反復	主体性の喪失	受身	受け身な取り組み	
			児童生徒に振り回される	
			場当たり的対処	
		孤立	児童生徒への被害妄想	
			同僚への被害妄想	
展開位相	展開位相	孤立とネガティブ思考の反復からの脱却	困っていることを口にす	
			周囲の存在に気づく	
			楽観的になる	
			児童生徒について深く理解しようとする	
発達促進的関係の展開	主体性の回復	能動的な仮説検証過程	状況の俯瞰的把握（観る）	精神内的
				外的
			今ここで選択される対処法（介入する）	生身の個人の活用
				技術の活用
				チームの活用
		現実感に支えられた効力感	腑に落ちる	
			児童生徒の変化を喜ぶ	
			待つ	
		学級の中の一児童・一生徒として見る	学級集団への介入	

EMADIS再考:孤立と主体性

　さて,EMADISの精緻化という文脈において,この結果から何が言えるだろうか。EMADISは,困難な児童生徒との間で起きている事象を投影同一化という観点で理解したことで,なぜこういった児童生徒との間で行き詰まりが起きるのか,そしてその打開の見通しはどういったものか,について示唆を与えるものであった。しかし,EMADISは児童生徒の要因を軸にした教師との関係性の描きが軸であったため,教師自身がどういった工夫をすればよいのか,教師による統制可能性についての示唆が弱かった。今回教師の個人要因,すなわち主体性の喪失と回復を軸にしたことで,教師側の統制可能性を付記することができたのではないかと考える。

　特にEMADISの第二段階において,児童生徒との間で病理的対象関係の反復を起こしてしまう教師は,子どもに対して,あるいは周囲の教師集団に対して恐れを強め受動的になり,主体性を失ってしまっているがゆえに,反復に巻き込まれるのだということを指摘できたことは大きな意味を持つ。EMADISの現場への応用において,投影性同一化を受ける器(コンテイナー)となる者——EMADISで想定されるのはターゲット教師と,心理士あるいは教師集団が含まれるだろう——は主体性を十分持たなければならないという条件を強調することにつながる。あるいは,第二段階において子どもとの間の主体性を失わない教師は,第二段階で子どもからの投影性同一化を解毒できる数少ない教師になり得ると言えよう。おそらく,このような主体性を失わない教師となるために,本書に書かれているような知識や,このような子どもたちとのかかわりの経験が役に立つ部分はあるだろう。

　さらに言えば,この結果が教師のメンタルヘルスの問題の打開策に発展することを期待している。孤立状態はうつなどの精神健康の問題につながる。孤立状態はもともと持っている力を削ぐ。自尊心低下をもたらす可能性が多々ある。教師たちの小さな声掛けが,うつなどの精神疾患の防止に働くことを

この結果は示している。しかし，筆者はそれ以上のことを示せたと考えている。私たちはメンタルヘルスの問題を考えるときにマイナスが0になる方を見がちであるが，真のメンタルヘルスとは，マイナスがプラスになってこそではないだろうか。つまり，教師がもともと持っていた高い志や熱意を十二分に発揮し，教育活動を通じて有能感や効力感を高めること，そういった良い展開が起きるための要因を検討することこそが真のメンタルヘルス向上のための研究と言えるのではないだろうか。この結果は，うつ状態から効力感までを一連のプロセスの中に描くことができた。そして，その一連のプロセスにおける変数として「主体性」を抽出した。チームや協働は，いわばその主体性を回復させるための媒介であった。このように，知的障害特別支援学校における指導困難な児童生徒への対応という文脈の中で，チームあるいは協働，孤立（ひいては，うつ状態），主体性，効力感という変数が因果関係的に位置づけられ，それがメンタルヘルス問題を説明しうると理解されたことは意味深いと考える。

「頼らない／頼れない」教師文化の中での運用

　本章の冒頭に示した通り，教師の「頼らない／頼れない」文化の中で，EMADISを運用することは困難を伴う。教師にとって不満を述べたり，助けを求めたりすることも簡単ではないのに，攻撃性を排出するなど当然困難なのだ。また，チーム化することがそもそも難しいと考えられているのに，教師集団がターゲット教員を抱えるべくチームになるというのも簡単ではない。そのために，本章は教師側の立場に視点を移して，彼らの体験プロセスを図示したのだ。そしてその過程において重要な要因として「主体性」を抽出した。抽出されたのが，個人の才能や能力でなく，主体性であった，というのは，まさに朗報である。主体性の発動は，意志による部分が非常に大きい。そして，筆者の体験では，その意志を教師，ひいては対人援助職者が持つためには，「希望」も重要なように思う。インタビューを受けた1人の先生が，

「こうやって難しい子どもたちでもうまくいくんだぞっていう事例をたくさん公表してほしい」と言ってくれたのを思い出す。「やれる」という希望を持つと，困難な子どもたちであっても，たとえ指を折っても，私たちはやれるんです，という教師の情熱を感じる言葉だった。

　筆者個人の見解ではあるが，教師にとって能動性や主体性への親和性は高いように思う。先に述べた，P型リーダーシップへの憧れや，新任でも一人前の教師として児童生徒の前に立つことが求められるというのは，個人の主体性や能動性に対する価値づけの高さと表裏の関係にあるのだと思う。筆者が教師たちとの臨床の中で聞いた言葉の中で，こんな印象深い語りがあった。「自分がやっているって感覚にアスリートのようにこだわって，弱音を吐けない」筆者はこの言葉の中に，頼って主体性や能動性を失う恐れや，効力感を得られないことへの恐れを感じたのだった。

　この点については，厳格な「べき論」に要請された主体性と，内発的な主体性を区別することが重要だと考える（コラム「自分を責めるこころ，人を責めるこころ：超自我と無責任」(p.56) 参照）。つまり，「主体的であらねばならない，主体的でなければ価値がない，罰せられる」「理想的な主体性」といった自分の外側にある／自分自身のものではない主体性の話ではなく，自分の内側にまさに感じられる主体性が重要だということだ。

　私たちが主体性を見失ってしまうことは，多々ある。主体性というものはこころの中に据え付けられたものではなく，失ったり取り戻したりする種のものなのだろう。本研究の教師たちは児童生徒との関係や，学校文化の要因など難しい状況の中で主体性を失ってしまった。その時に，主体性を失っている自分を恥じたり，罰したりするのではなく，内的な主体性を回復するための手段として周囲の人間を「使う」という感覚に慣れることが助けになるのではないだろうか。これは前章でも書いたことではあるが，つまるところ，頼り上手になる，ということである。主体性を失っても，周りに人がいるということに気づくことで，孤立無援であるというある種妄想的な状態から脱却し，主体性を回復することができる。弱音を吐いたり，頼ったりすること

は主体性を失うことではなく，主体性を取り戻すことなのである。

改めて教師側の要因について考える

　さてこうしてEMADISでは触れられていなかった，病理的な関係の反復状態に陥ってしまう時と，発達促進的関係に向かうことのできる時の，「教師側の」違いについて検討し，主体性の回復の重要性と，そのために周囲の教師などの仲間が果たす役割について考えてきた。そしてこの結果を経て，筆者に1つの疑問がまた浮上した。教師，ひいては対人援助職，支援者にとって，「わかる」あるいは「見通し」とは何だろう，ということである。先述の骨折した教師が「わかった」「見通しが立った」という体験と，あちこちで聞かれる「わかる」「見通し」というのは同じことなのだろうか？　と。「わかる」というのはどういう体験のことを指すのだろう，と。

　この問いについてあれこれ考えていると，この問いは筆者にとって実に重要な問いであることに気づく瞬間が訪れた。筆者はだいぶ若い頃書いた論文（川村，2009a）の中で「セラグノーシス（Theragnosis; Bach, 1957）」が重要であると書いたことがあった。これは，心理療法の中で仮説検証し続けるプロセスのことを示したものであり，固定的な診断に対しての警鐘の意図があった。その後，安易な発達障害診断についての異議（川村，2012）などについても書いたこともあった。博士論文はカテゴリー分類による精神医学診断が支配的である現状について疑問を呈し，パーソナリティ障害と神経症の境界に位置する群に対する力動的な診断法について提示するものであった（川村，2009b）。しかし，いつも私が本当に主張したいことは何なのだろうという，核のような部分をつかめないでいた。

　この問いについて思いめぐらしている中で，筆者が長年持ち続けていた引っかかりに辿り着きそうな気がした。筆者がずっと言いたかったのは，「わかろうとしなければならないけれど，わかった気がした瞬間から虚像ばかり見ることになる」という矛盾であったのだと思う。診断名にとらわれて，あるい

は前評判にとらわれて,バイアスに縛られて被援助者を見失うこと,それによって援助者もまた無力感に陥ることについて,若い頃から色々感じるものがあったのだった。

　そう考えてみると,この7年以上私がともに働いてきた難しい子どもたちを落ち着かせ,成長させてきた多くの教師たちは,どういう心情で子どもたちと向き合ってきたのだろうと改めて思いを馳せた。私は2週に1度やってきて,観察して,教師たちの話を聞いて,できるコメントをするだけの存在である。しかし,教師たちは日々,殴られたり,暴言を浴びせられたり,そんな中で周りの目を気にしたり,孤立感を味わったりしながら,それでも「わからないけれど,わかろうとし続ける」という,とんでもなく丹田の力を要するような日常を送っていたはずである。それは主体性の回復だけで説明できることなのだろうか？　それを支える楽観性とはどのようなものなのだろうか？

　1つだけ間違いないことは,子どもをあっという間に変化させる魔法などないということである。子どもが成長した背景には,必ず子どもと教師が踏ん張り,固く踏みしめてきた足跡が残っている。

　改めて筆者は,簡易に示されたモデルを示すことよりも,このような難しい子どもたちと接する教師たちが,どんな日常を送り,子どもの内面への関心を途切れさせず,少しずつ子どもたちを成長させるのかを示すことの重要性を感じた。それこそ,彼らの生きている場所について伝えることであるし,奇しくもインタビューを受けた教師が語っていた,「こうやって難しい子どもたちでもうまくいくんだぞっていう事例をたくさん公表してほしい」という願いに応えることになるのではないかと思う。

[コラム]
見通しを立てるということ

　実は第3章のデータは，本分析を2回行った経緯があった。1回目の分析の結果は，見通しを持てるか持てないかが，ユウキ君に対して発達促進的関係を持てるかどうかの分かれ目であると結論づけていたのだが，「見通しを持つ」と教師たちがよく口にしている体験の実態は何なのだろうと，はたと考えた。そして，もう1つ深い分析をしてみようと，最初から分析をやり直したのであった。その立ち止まりのプロセスを記したのが，「愛着障害児に対応する知的特別支援教師のネガティブ・ケイパビリティ支援の重要性と自我心理学的視点の有用性の検討」という研究ノートである。インターネットでも読めると思うので，ご関心のある方は検索してみてほしい。
　この立ち止まりを経て，その後いろいろ考えた。第3章の章末に書いた自らの体験を振り返るプロセスも起きた。そして今筆者が考える見通しとは以下のようなことである。

①見通しとは固定的な認知ではない，仮説検証プロセスであり主体的態度である。
②見通しは主観と客観を分けることによって得られ，また，主観と客観をさらに分けることを助ける。
③見通しによって得られた仮説は，かかわりの方針を決定するための重要な要因である。同時に，得られた仮説は初期には主体的態度を支える安心感を形成し，その後は指導に対する希望を形成する。

日　付	出来事	感　情
9月8日	給食の時Mの隣に座っていると，突然目を突いてきた。私がとっさに押すと，泣き叫んで殴りかかってきた。	痛い，怖い，やめてと思った。泣き叫ばれた時，悪いのはあんたでしょ，と思ったけれど，自分が悪いことしたと思われるんじゃないかと嫌な気持ちになった。

①については第3章にも示しているので，ここでは説明を割愛したい。②についてであるが，おそらく見通しが欲しいという人たちは，不安を掻き立てるような主観のドツボにはまっているのだと思う。主観が先に来て，今目の前にいる子ども，今目の前にある状況や文脈を見ることができない，視野狭窄状態に陥ってしまっているのである。このことは次のコラムにも描く心的等価モードの話とも関係あるので，こちらも参考にしてほしい。

　この状況から脱するのによい方法がある。過去にある学会でも発表したことがあるのだが，記録をつけるというやり方である（川村・小谷，2010）。この記録のつけ方にコツがあるのだが，まず，いつどこでどのようなことが起きたということを客観的に書き，横にその時自分が感じたことを描く（上図）。

　だがこれを書くのは結構難しい。ほとんどの場合，ストレス状況下にある人は特に，はじめは出来事と感情を分けて書けない。それどころか，感情を書くことそのものも難しいこともあるようである。そういう場合，筆者はよく「殺意とか湧いちゃいますよね」と極端（だけれども，そう思うことも当然あるだろうという）感情にかかわるコメントをしたりして，感情を率直に記録できることをサポートする。これを日々書くだけでも，仮説検証的なプロセスが動き始めたり，客観と主観を分けることができるようになることがある

　③についてであるが，困難な現場の中にいる教師たちから，「見通しがほしい」「見通しがないと」と何度も何度も聞いた筆者は，その声を「安心感が欲しい」「希望が欲しい」という声として聞いていた。彼らはよく勉強していた

し，子どものアセスメントにかかわる講座も散々受けていた。認知にかかわるアセスメント方法については筆者よりよく知っていた。だから筆者は講演に呼ばれた時には，聴衆が安心できて希望が持てるようにと，楽観的態度でいながら労いと尊敬を表現するよう努めた。愛着障害児の特徴などのアセスメントにかかわることついてはほとんど講演したことがなかったが，それでもあちらこちらから講演に呼ばれるようになった。子どもの理解にかかわる知識のほかに，現場では安心や希望を強く求めていることの証拠だと思う。

　そのように書いていて筆者が思い出す風景がある。ユウキ君の担当をしていた教師たちの姿である。担任同士で，あるいは時々筆者やコーディネーターも交えて，「ユウキ君にこのメーター作るといいんじゃないかな」と感情メーターを作ってみたり，うまくいかなかった時には苦笑いしながら，次の一手をあれこれ考えたりしていた。おそらく教師たちの介入もそれぞれ素晴らしかったのだけれど，それ以上に，子どもにとっては教師が協力して自分にあたってくれているという状況が良かったのだと思う。仲の良い両親を得たようなものである。

　最後にもう1つ，仮説検証プロセスも1人でやるのは時にしんどいかもしれない。自分の仮説検証プロセスについて人と話をし，ワクワクドキドキ感を共有する（そう，仮説検証とはワクワクドキドキするものなのだ！）ことも，安心して希望を持つためにとても大事なことなのではないだろうか。

第4章

情動の発達：
安全と冒険

　先述の通り，ここまで示した2つの研究はまとめてしまうとコンパクトなのだが，3年以上の月日の経過とともに進められたものである。学校において3年というのは，決して短い期間ではない。その間も筆者と教師たちの試行錯誤の日々は続いていた。筆者はEMADISを使って介入したり，あるいは，講演などでEMADISについて伝えたりしながら，改めて現場に対して「情動」について丁寧に伝える必要があると感じるようになっていった。特に「愛着」の問題に取り組むのであればこれは必須の課題と言わなければならない。そこで，本章と次章では，ここからの議論を深く理解していくためにも，介入時や講演で伝えていた情動の話をまとめておきたいと思う。

　まず，本章では広く「情動の発達」についてまとめてみたい。先に言ってしまうと，本書で語られているような愛着発達の問題が，特に学校のような社会場面において，どのような形で顕在化するかということを理解するためには，情動の発達に目を向けることが大事だという主張をしたいのである。認知や行動部分に着目がされやすい学校場面において情動についての眼差しを持つことで，子どもたちを理解しやすくなるであろうし，子どもたちが難しくなっている場面場面で，彼らにかかわる方法に対する示唆が豊かに与えられることと思われる。

情動とは

　学校現場においては，認知，つまり子どもがどのように情報を取り入れ，処理し，出力するのかという能力の発達については身近であるようだが，情動も発達するものだということを話すと驚かれることが多い。そして，情動が発達すると伝えると，「気持ちのコントロール方法ですか？」という問いが返ってくることも多い。なるほど，と思う。そして改めて，本書が取り上げているような，何らかの理由で養育の中での関係性に難しさが起きて，投影性同一化によるコミュニケーションに頼らざるを得なくなっている子どもたちに対して指導するのは，学校では難しいだろうと思う。

　おそらく学校教育には，情動をある程度発達させていてこころの中の安心感を保つ力や，社会性の発達に重要な自立性／自律性を備えている子どもにとっての場所だったのだけれど，昨今，いや，もうずいぶん経つと思うが，そのような発達が一様ではなくなってきていて，心理学的な支援やさまざまな個別対応方法が学校の中に入ってくるようになった。そこで学校現場は様々な転換をせざるを得なくなったのだろう。いずれにせよ，このような安心感を保つ力や社会性の発達を支える力のベースに，情動の発達があるということを改めて学校現場に携わる者はこころに留める必要があると思う。

　さて，すでに先行して情動という用語を使っているが，この用語について説明するところから始めたい。

　情動（emotion）とは，喜怒哀楽をあらわす表現のように比較的激しく，筋緊張や心拍数の上昇などの身体表出がともなうことが多い，一過性のこころの作用と説明される。これに対して，感情（feeling）は，強度や身体表出の少ない，快－不快の次元で捉えられるこころの作用で，比較的一般的な用い方をされる。また，心理学の世界では，気分（mood）という用語もよく使われる。これは，特定の刺激ははっきりしないけれど，環境などに影響されて生じる，強度の弱い比較的永続的な心的作用，とされる。抑うつ気分状態と

いう言葉もあるが、その言葉が表すのは、なんとなくダラダラと滅入るような、いなくなってしまいたいような心的状態が続く状態である。長い時間続くので、気づかれにくく、心拍数や筋緊張にそれほど作用しない。ほかにも情感（affection）、情熱（passion）、といろいろな言葉があるが、本論において情動を採用するのには一応の意味がある。

本論が問題としている学校現場における児童生徒の行動の特徴には、「激しさ」がある。

彼らの激しい行動は、目立つ。つまり、他者の目に留まりやすい。他者の目に留まりやすいということは、「激しい行動」に何らかのメッセージ機能があるということである。このことは、第7章に詳述する。

筆者は精神分析理論を使いながら臨床活動をしているので、その創始者のフロイトの言葉がここでもまた浮かぶのだが、フロイトは晩年、「死の本能」という理論を提出した。これを大雑把に説明すると、エネルギーの量が高まると、人間も物理学や生物学に見られる自然の摂理同様に、それが0に向かおうとする、ということを示したものである。なぜ私がこの話の流れでこの理論を思い出したか。それは、学校現場で出会った、児童生徒の激しい興奮状態に対して、非常に印象づけられたからである。小学校の高学年、あるいは高等部に入ってもなお、自分で興奮をコントロールできない子どもたちである。誰か周りにいる人の皮膚を、文字通り食いちぎるまで噛み続けなければ自分を落ち着かせられない子ども、大声で暴言を叫び続ける子ども、周りにあるものを手あたり次第投げ続ける子ども、相手が動けなくなるまで殴打や蹴りを浴びせ続ける子ども。皆、周囲からはその興奮のきっかけを見つけることが難しく、内側から湧き上がってきた何かに突き動かされ、我を失っているように見えた。教師たちが恐れるのも無理もないと思った。常軌を逸した興奮状態、錯乱状態が比較的長時間続くのである。ホメオスタシス、あるいは、死の本能による統制が破綻しているかのように見えたのである。これは単純に発達障害ということでは説明できない。また、噛みちぎる子も、暴力暴言をする子も、興奮を自分では鎮められず、他者を傷つける行為を通

第4章　情動の発達：安全と冒険

して人にかかわり，自分の興奮をおさめてもらおうとしているように感じられたのである。

愛着理論再び

　第1章で，スターンの乳児の空腹体験の記述，筆者の初めての頭痛体験および筆者と筆者の息子の体験を描きながら，投影性同一化の関係性について説明した。ここでは同様にスターンの素材を使って，情動の発達についても説明してみたい。

　乳児が空腹になると無力に死の恐怖に怯えているだけではなく，空腹という強烈に不快な「情動」が引き金となり，泣き声をあげることは先述のとおりである。情動と身体反応の連結は，生まれた時からこのように備わっているのである。

　すると，普通の環境であれば泣き声を聞いた養育者がやってきて，ミルクを与えてくれるだろう。その際，この乳児を大事に思っている養育者であれば，機械的，無表情にミルクを与えるようなことは決してない。「ああ，お腹が空いたのね，よしよし」と，乳児の体験を翻訳（＝お腹が空いた）しているかのような言葉を自然と発するだろう。このようなやり取りを通し，乳児は「ああ，これはお腹が空いているということなのだな」と学習し，また，助けを呼べば助けてくれる人がいることを知るようになる。その人はいつも同じ人だ，と学ぶことが，先述のボウルビィやエインズワースの示した「愛着」形成の始まり，つまり特定他者に安心感を持つことの始まりとなる。

　さて，この情動は子どもの身体や知能の発達と並行して発達していく。その段階を示したものの1つに，図4.1がある。これは非常に古典的なもので発達心理学，感情心理学分野ではさらに修正された理論が示されているが，情動の分化発達をイメージする上では使いやすいので本書ではこちらを使いたい。

　例えば，新生児には興奮しかなくそれが快－不快に分化し，その後生後半年から1歳の情緒発達では，不快から怒り，ひいては嫌悪，恐れに分化する

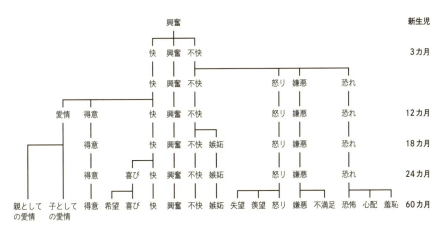

図4.1 ブリッジス（Bridges, K.M.B., 1932）の情動の分化図式

とされているが，これは養育者との間で欲求充足体験を重ねてきたことと，身体的な発達に大いに関係する。

筆者の観察ではあるが，産まれたばかりの新生児の興奮については，オン－オフで考えるとわかりやすいように思う。このオン－オフは，先述の児童生徒の激しい興奮についても——エネルギー量の違いはあれども——当てはまるように思う。新生児はほとんど寝ているので，たいていオフの状態に見える。しかし，空腹，おむつが濡れるなどの皮膚感覚の違和感，光や温度の変化といった微細な変化も含む環境の変化などによってオンに転じる。オンになり，その状態を不快に感じれば，泣き声をあげる。それを察した養育者は，新生児のこころの状態が安らかになるよう，ミルクをあげたり，抱いて揺らしたり，歌を歌ったり，清潔にしたりする。するとまた，穏やかなオフ状態に戻る。

このような日に20回も30回も繰り返される養育者の応答を経験し，乳児はもちろん，自分を安心させてくれる人はこの人だ，と愛着対象がだれか学んでいくことになる。これが第1章にも示した愛着関係の形成過程であるが，こ

第4章　情動の発達：安全と冒険　91

の過程を通して乳児が学ぶことがもう1つある。穏やかなオフ状態を作り出してもらう経験を通して，自分には，不快を取り除きたい欲求があること，それが満たされるものであることを知る。つまり，不快と快があることを知り，欲求不満の存在から間接的に欲求の存在を知るようになっていくのである。

　また生後半年くらいになると，乳児も寝返り，ハイハイ，立ち，歩き，と激的に身体の発達を遂げていく時期が始まる。子どもは多少痛い目にあっても，この体を動かしたいという欲求が削がれることはないように見える。もがきながら寝返りをうとうとする0歳児や，どんなに転んでも立ち上がって歩こうとする1歳児の姿は感動的ですらある。しかし，感動的という以上に，新しく芽生えた力を使いたいというのはかくも強い欲求なのかと，驚きを感じずにはいられない。そのような強い欲求が封じこめられたり，満たされなければ，子どもはひどい欲求不満を感じる。その時，養育者が「怒っちゃったの」と教えてくれれば，怒りを知るだろう。このように情動の分化は，子どもの体験したビビッドな体験に対して，養育者が言葉や表情などを用いて鏡のような存在であることによって発達していくプロセスである。

　もう1つ，筆者の現場でよく見るタイプの子どもについて記述したい。例えば，人前に出たいけれど，何らかのこころの理由で拒否する子どもがいる。大勢での音楽の授業で，珍しい楽器を順番に前で演奏してみるという場において，その子はその楽器を触ってみたくて仕方ない。けれども，名前を呼ばれて前に来るように促されると，「嫌だ！　楽器嫌い！　○○先生も嫌い！」と叫んでしまうのである。そうなると，先生は，じゃあ今日はやめておこうね，と他の子を前に呼ぶ。そして，その子が楽器に触れる機会は来週も来月もやってこない。残念な話である。

　これは，嫌いなのではなく，嫌いの先に分化するはずの，失敗するのが「怖い」や，人前でやるのが「恥ずかしい」という情緒がうまくつかめず，ひとくくりに「嫌い！」と言ってしまう場合も多いと感じる。こんなことは──例えば，パーティーで自分以外の人が楽しそうにしていて嫉妬しているのだけれども，自分の感情に気づかずに，「気分悪いから帰るね」なんて言ってし

まう，難しいお年頃の方のように——大人でもよくあることだ。人には認めてしまっては自分が傷ついてしまうがゆえに，認めがたい，あるいは掴みづらい感情というのがあるのだ。

　こういう子どもを見ている教師に対して，筆者は，「嫌い以外の言葉を感じ取って，代弁してあげてはどうか」と提案することがある。そして比較的すんなりと子どもが本来やりたかった行動——この場合は前に出て楽器を演奏すること——ができるようになることがある。つまり，必要なのは，情動を感じるための安心感なのである。

　さらにもう1つ例を挙げるなら，カウンセリングなどの場面で，クライアントと呼ばれる人たちが，「ムカつく」という言葉を使うとしよう。中学生から大学生と会っているとよく聞く言葉である。ムカつくというのは，情緒の言葉だろうか？　ムカつくというのは，文字通りとれば身体感覚の言葉である。そして，実際，身体感覚的にムカついているのだろう。しかし，情動の言葉として心理士が勝手に「怒り」だととらえていることも多い気がする。果たしてそうだろうか？　ムカつくというのは，もちろん怒りの場合もあるが，嫉妬，嫌悪，羞恥が前景の情動であることも多い。また，嬉し恥ずかしい，なんて時にも，ムカつくという子どもたちがいる。そこで，本当はどういう情動なのだろう？　と関心を向けるのは大人の，聞き手の役割かもしれない。そういったこころに目を向ける仕事を，心理士であっても忘れることがあるのだ。

　ここまでで，我々が養育者との関係を通して情動を分化させること，そしてそれは愛着という絆をベースとした営みであること，ひいては愛着形成の時期を過ぎても，情動の分化のためには安全感が必要であることが伝わっただろうか。不安全というのは，体の外にあるものだけではなく，内側から沸き起こる情動体験によっても引き出されるのだということをおわかりいただけたであろうか。学校や支援の現場では，よく児童生徒の安全，被支援者の安全ということが言われるが，一瞬一瞬こころの中に不安全感が生じてしまう人たちに対して，どのように安全感を与えていくかというのは，子どもの

情動の成長にばらつきの見られるようになった昨今の学校現場において，非常に重要な課題なのではないだろうか。

それでは，情動が分化発達しないのは，なぜか。それは，ある情緒に安全に対処できない状態，その情緒に耐えられない状態にとどまっているためと言っていいだろう。その大きな要因は，その**体験に名前がついていない**，ということだと考える。体験に名前がつく，というのは，わかる，ということであり，客体化するということである。これは，絵カードでものの名前を覚えるのとは全く違う。内側の体験があって，それに対して名前をもらうという，驚きを伴うような体験と知識の出会いを通して起きるものである。ああ，これが頭痛か。ああ，これが嫉妬か，という，真に腑に落ちる体験である。

本書でたびたび示しているように，人間はわからないということが大変怖い生き物なのだ。なので私たちは，わからない現象に，理論とか診断とか，いろいろな「名前」を付けたがるのである。このことは，尋木氏の著書（2017）にも詳しいので，関心があればぜひ読んでみられることをお勧めする。ともあれ，養育者が自然と「おなかがすいたのね」「怒っているのね」と子どもの体験に言葉を与えているのは，体験に名前を与え，それを客観視する機会を与え，安心感を与えることにつながっている。そして，子どもが体験をコントロールする術を獲得していくための種を蒔いているという重要なプロセスなのである。

情動分化の促進

このように，体験に名前を与えることの重要性が示されたが，このプロセスについてより包括的かつ体験的に描いているのが情動調律理論（D・N・スターン『乳児の対人世界理論編』，岩崎学術出版社，2013, pp.162-187）だろう。

先ほども挙げたように，6カ月の乳児の母親は自然と，泣いている子どもに「お腹空いたのね」「もうすぐおっぱいですよ」と現在の彼の状態や見通しを言葉にしながら，ミルクの準備をする。学ばずとも自然とそうする。この

ように，子どもの体験・主観的状態に合った応答を親がすることで，自分の主観的状態を把握し，正当なものであると認めることができるようになるプロセスを情動調律と言うのだが，この情動調律には多少の誤解が広がっているように思われる。オウム返しは情動調律ではない，ということである。情動調律をより年長の子どもや大人に適応させる場合に起こりやすいことだが，相手が発した言葉をそのままオウム返しすると，相手は当然馬鹿にされていると感じる。そうではなく，**まるで2人がダンスしているかのように息を合わせること**が，情動調律的な対応である。つまり，単に真似するのではなく，「あ，私は嬉しいんだ」と，相手の反応を見て自分の主観的感覚が生き生きと実感できるような対応のことを，情動調律というのである。

さらに細かい話をすると，生後3カ月までとその後では，望まれる親のあり方は違う。もちろん，3カ月を境に親の態度が急に変わる必要があるという意味ではなく養育者のかかわり方のスタンスも自然と変わるのである。ダンスが上達してきたペアのように。生後3カ月までの子どもに応答するのに必要なのは，子どもの苦痛を和らげる敏感性である。つまり，こちらが子どもの苦痛を感じていて，それを取り除いてあげられる人間であることが認知されていくようなかかわりが必要である。

その次に必要なのは，共同作業的コミュニケーションと呼ばれる種類のものである。共同作業的コミュニケーションは以下の4点によって説明される。

①子どもの体験への受容力と，子どもが感じ欲し信じているものに関して学ぼうとする態度。
②子どもとの関係がうまくいかなくなった時，大人から修復しようとすること。
③新しい力（特にコミュニケーションの力）に，足場を設ける。
④子どもの発達的変動が起きている時に，自己主張や異議を許容したりして，子どもと積極的に取っ組み合う。

①は聞きなれていることだろうし，生後3カ月までの養育者の態度においても重要なことだが，②以降は聞きなれない話かもしれない。
　②については，子どもが徐々に自分の欲求に目覚めてくると，子どもと養育者は別の人間だということがはっきりしてくる。別の人間であるから，いつも大人のコントロール下に置いてはおけない。養育者も万能ではないので，養育者と子どもの関係がぎくしゃくすることは当然ある。これは当たり前のことであり，このようなぎくしゃく感のない子育てはかえって問題でもある。むしろこのぎくしゃくする経験を大人の方から修復しようとしてやることで，子どもは損なわれそうになる関係は修復可能なものなのだと学び，危機を乗り越え，その絆をより堅く深いものと認知していくようになる。
　また③は，全部くみ取ってやらない，いや，くみ取っていたとしても，それを全部言葉にせず，子どもができそうなこと，言えそうなことはチャレンジする機会を持たせることが重要であることを示している。筆者の息子が2歳後半の頃，明らかに息子自身が怒っている時に，「ママ，怒ってる？」と言うことがあった（もちろん，その指摘は全く的外れでないことも多いのだが）。その時に筆者が，「あなたの気持ちは？」と聞くと，息子が「僕も怒っている」と言って泣き出すことがあった。あるいは，ぐずぐずしている時に，何がしたいのか，何が欲しいのか，言えるまで待つこともあった。これは多くの親御さんが自然にやっていることだろうけれども，子どものできそうなことをやらせるというスタンスによって，子どもは自分の情動を伝えることに自由になり，ひいては情動のコントロールの力をつけていく。
　そして④であるが，発達の過渡期に子どもが自己主張や反対意見を言いたがる場面がある。こういった時，合わない意見を押さえつけず，積極的に言わせて，取っ組み合う，やりあうことが大事だということが示されている。加えてこれは，取っ組み合ってもなお，結びつきを保てるという経験につながる。こういった，大人側の信頼感によって子どもが挑戦させてもらえるような体験は，現代の子どもたちにとって身近でないのかもしれない。

教育現場と情動発達

　さて，ここまで情動発達を促す養育者と子どものコミュニケーションについて示してきたが，いかがだろうか。いずれにせよ，子どもの発するものに着目し，子どもの内面を感じようとする態度が重要であるが，このような態度と，その発達に合った対応をすることを通じて，情動発達に支えられた子どもの欲求状態は，生存欲求から愛着欲求へ，そして自立欲求へと変化していく。生き延びたい，生き延びるために守ってほしいという欲求状態ゆえに，不快をシグナルとして泣き声を発する依存的存在だった新生児が，確かに守ってくれる養育者を見つけ，養育者がいれば安全だと感じられ，だから養育者の傍にいたいという愛着欲求を持ち，その安全感を基盤として徐々に，自分の能力を感じたい，自分の力で生き延びたい，という自立欲求に転換していくのである。

　先述のように，個人が精神状態を自分で安定させる力は，情緒発達のレベルに基づいている。逆に言えば，情動が分化していないと，情動に振り回されてしまう。情動が脅威として感じられてしまうのである。安定がなければ，守ってもらいたいという欲求を脇に置いておくことはできない。このため，愛着対象でもない教師との間で教育活動を行うためには，ある程度の情動の安定が必要条件となるのである。

　教育活動が効果を発揮するところは，自立欲求に対応するところだろう。教育は，個人の自立性が働くことを前提としていると言ってよいと思う。愛着欲求でとどまっている子どもに教育を施すのは困難である。自分を守ってくれるかどうか，ということが行動規範になるため，自立を学べと言われるのは突き放されることに等しいのかもしれない。そのため，愛着欲求に留まっている子どもについては，まずは，自立欲求を発達させることに目を向ける必要があるように思われる。そして本書に示した教師たちは，そのような働きかけを意識することで，子どもたちを急速に落ち着かせることに成功した

のである。

事例の紹介

　本章を締めくくるにあたって，1つだけ事例を紹介しておこう。ヨシヤ君と田村先生の話である。

　ある年の4月，例年行われている全校での児童生徒の情報共有の場に筆者も出席した。その場では実に多くの，「困難な」子どもたちの情報が共有されていた。そのうちの1人がヨシヤ君であった。

　ヨシヤ君はその時，小学校6年生であった。先生方が困っているのは，彼の「噛む」行為をやめさせることがなかなかできないということであった。先生方も体のあちこちが歯型まみれであった。また，自分たちが噛まれるよりも，他の子どもに噛みついては困る，と頭を悩ませてもいた。けれど，他の子どもたちへの安全配慮を考えれば，ヨシヤ君を隔離するくらいしか方法が見つからず，ヨシヤ君自身をどう成長させればいいのか途方に暮れているようであった。

　筆者が観察に行ってみると，彼はずっと分厚いカタログをいじって過ごしていた。それでも，何らかの刺激で急にスイッチが入ると，立ち上がり，確かに先生の腕に噛みついた。おそらく「噛んだ」という手応えがあるまで離さないのだろう。しばらくして満足したかのように口を離し，また何もなかったかのように椅子に座ってカタログを弄び始めるのだが，先生の腕にはくっきりと歯型が残った。

　試しに筆者も近づいてみた。果たして見知らぬ筆者にも噛みつくのだろうか？　しかし，案の定興奮した彼は，筆者の手にも噛みついた。噛みつかれた手を押し返してみると，驚いたように離した。それでもやはり手には噛み痕が残った。

　しかし，その噛み跡は特殊な痕であった。噛み痕というのは普通，ラグビーボールのような形になるのではないかと思うが，その痕は真ん丸であった（図

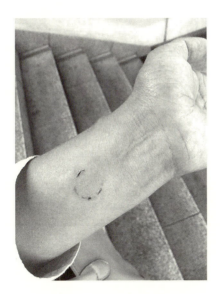

図4.2 ヨシヤ君の噛み跡

4.2)。

　筆者は，赤ん坊が自分の中の不快を鎮めるために母親の乳房を求める切迫感を思い出した。まだ歯のない赤ん坊のそれは耐えられるけれども，少しでも歯が生えてきた赤ん坊から乳房を求められるのは，母親であってもきつい。10歳を越えた力も強い男の子の求めであればなおさらである。そんなことを帰り道考えていた。

　そこで筆者は，図4.1の図を見せながら，担任の田村先生に話をした。「ヨシヤ君はおそらく，この興奮のオン－オフ段階から情動が十分に発達していないんじゃないかと思う。だから，彼の情動を分化させてやる働きかけを試してもらえないだろうか」と。ヨシヤ君の認知レベルと噛む行為や雰囲気のずれに違和感を感じていた田村先生は，筆者の言葉が腑に落ちたようであり，やってみる，でも，どうしたらいいの？　と言ってくれた。筆者は，情動調律や投影性同一化理論を意識しながら，「本人が『噛む』モードに入ったとき

第4章　情動の発達：安全と冒険　　99

に，先生の**体の感覚を使って**，体で受け止めてあげようとしてください。抱きしめるって意味ではなく，先生の全身で彼に向き合う感じです。そして，しっかり目を見つめて，『落ち着こう』という意味合いのメッセージを，言葉なり表情なり使って伝えるようにしてみてください。そうやって，体を使って彼と向き合えば，今彼が何を感じているか，共振できると思います。そこで先生が感じ取ったものを，表情も使って『怖かったの』とか，『びっくりしたの』とか，短い言葉で伝えてあげてください。体とメッセージが一致しているのが大事です」と伝えた。彼女は体育の先生だったのもあったのか，情緒に敏感な先生だったからか，とても上手にそれをやった。2週間後に会うと，すでに手ごたえが感じられるとのことだった。さらに，以前からの記録を振り返ってみると，やはりヨシヤ君が興奮するのにはまったく理由がないということはないんじゃないかと感じたとも報告してくれた。

　そのような取り組みを経て，ヨシヤ君もまた半年ほどで驚くべき成長を遂げた。一番には認知レベルが10カ月前後と査定されていたヨシヤ君が，半年で3歳の数の概念理解のレベルまで急速に伸びたのだった。これは伸びたというより，使っていなかった力を使えるようになったということなのかもしれない。私たちだって，こころが安定してなければ計算力や注意力は落ちる。そういった不安定な状態が慢性化していて，学習どころではなかったのかもしれない。しかし，情動の分化発達を田村先生との間で進めていったことで，ヨシヤ君はこころが安定していき，持っていた認知能力を発揮できるようになったのだろう。

　ヨシヤ君の事例と同様の事例が他の学校からも報告されている。これは決して稀なパターンではない。情動が落ち着かないために，認知も伸びないという子どもは数多くいるのである。

第5章
怒りの力

　筆者は，本書に示したような知的障害特別支援学校の教員を対象とした研究を契機に，ここで得られたモデルを他の対象に援用しようとしている。
　例えば，東日本大震災の長期的影響下で暴力的な子どもが増加し，保育者や幼稚園教諭，学童指導員といった大人たちが困っているという。その子どもたちは直接の被災体験がないにもかかわらず，である。これについては筆者らは以下のように理解している。死者の多く出た東日本大震災の生存者の中には，「自分よりひどい体験をした人がたくさんいるのだから自分は我慢しなくては」と考える人たちが非常に多かった（例えば，大橋，2014）。東北の人たちの我慢強さの気質だろうか，自らの傷つきを大したことないと思い込み，自分のことより他人のために，と，懸命に働いた。そして自分自身の傷はある意味放置してしまった（あるいは，「がんばろう東北」といった掛け声に押されて，放置せざるを得なかった）人たちがたくさんいたのである。しかし，トラウマが治癒していない場合，人は夢想ができなくなる（メンタライゼーション理論はそれを丁寧に説明している）。これらのことから，東日本大震災後，傷つきをそのままにしてしまった被災者が多くて，その傷が意識・無意識的に残っているがために，彼らが被災後子育てをする際，夢想する能力，子どもからの不快感を煽るような非言語的メッセージを受け取り解読する力が損なわれ，子どもの投影性同一化を解毒できない状況が多くあったのではないかと推察する。そしてこういった子どもたちから投影性同一化

を浴びている保育者らへの支援においてEMADISがよく状況を説明することが見出されたのである。EMADISの中でも特に，攻撃性の排出部分に着目した介入が有効であり，我々はその知見に基づいたプログラムを検討しているところである。

実は，EMADISの中で特に怒りの部分に対して，あちらこちらから反響があったことは，筆者にとって意外なことであった。というのも，臨床の場で怒りに着目するのはかなり筆者にとってなじみのあることだったのである。これは自分の師匠である国際基督教大学名誉教授小谷英文先生の影響が大きいのだが，同時に筆者は乱暴な子どもたち（例えば，川村，2009a）や，怒ることでしか甘えられない大人たち（例えば，川村，2010；2013）と臨床の中でかかわる機会が多くあったし，そのような臨床の中で怒りのメッセージ性に関心を持ってきたという経緯もあった。

私たちは，怒っている人を目の前にして，その表情や声の調子に表れる荒々しさに着目して，危機感を感じたり恐れ入ったりしてしまう。そうした時，私たちはその怒りを押し出している相手のこころの綾に目を向けることは難しい。表面的な怒りに着目しすぎるがゆえに，懐柔的になったり，罰したり，とにかくその怒りを抑え込もうとすることがある。

子育て支援の場で，母親が「子どもに対して死んでしまえと思う」という引き裂かれるような気持を，引き裂かれるような気持であるがゆえに，強い語調で吐き捨てたとしよう。相談に来ているのだから，本気で殺そうなどと思っているわけがない。この無力感に苛まれるような状況を必死で生き延びているのに違いない。ボロボロな状態の時に口から出てくる言葉は，ボロボロだからこそ語気の強いものになるということもある。私たちは，倒れそうになりながらも立ち上がらなければいけない時に，怒りのエネルギーによって生き延びようとすることがある（Guntrip, 1966；Rado, 1956）。けれども，カウンセラーがその怒りに耐えられず，「子どもさんはお母さんのことが好きだと思いますよ」と懐柔的な態度に出たり，「そんなこと言うものじゃない」とたしなめたり，その怒りの裏にある感情を確かめることなく「虐待疑いだ」

と児童相談所に通報したり，そんなことが起きてもいる。もし，このような対応をカウンセラーが（それこそ夢想することなく）反射的にやっているのであれば，それは表現の抑え込みにすぎず，この母親がやっとのことで発することのできた痛みや悲しみのメッセージの萌芽には決して辿り着けない。

　こういった思いを持つ筆者が子どもと大人の怒りの渦巻く知的障害特別支援学校の現場にいて，研究という枠組みを使いながら現象を見つめるプロセスを経て，見えてきた「怒り」についてのいくつかのことを，本章では検討してみたいと思う。

怒りと攻撃性の関係

　特に第1章と第2章で示したEMADISにおいて，ところどころ「怒り」と「攻撃性」の区別を曖昧なまま説明を進めている。実際，EMADISを考えた時，両者の区別を十分せずに使っていたと思う。しかし，この2つの違いを強調することは，本研究全体の中でも重要であると同時に，大変厄介な問題であるとも感じる。

　そもそも精神分析においては日常的に馴染みのある感情としての怒り（anger）について，あまり注目してこなかった歴史がある（Likierman, 1987）。また現在でも，怒りと攻撃性（aggression）それぞれの理解については，精神分析理論諸派によって理解の分かれるところである。例えば，本書でも投影性同一化について最初に示したメラニー・クラインに始まるクライン派は，1920年以来ほとんど未修正のまま，欲動理論を維持する立場をとっているが，攻撃性を分離－個体化過程（Mahler, 1972a, b）に向かう力であり，発達の推進力であるとする立場もある（Blanck & Blanck, 1994）。つまり，クライン派は欲動としての攻撃性を破壊的なものと捉えているが，逆に生を向上させるものと捉える立場もあるのだ。このようにまだ統一見解が得られていない欲動としての攻撃性と怒りの区別を，本論を通じて明瞭に示すことは難しいだろうと思う。本論では筆者の立場と理解を示すにとどめることになるだろう。

この記述が今後筆者の研究を展開する契機となればと思っている。

　まず筆者の怒りと攻撃性にかかわる立場から示したい。筆者は，**怒りは不快にさせられることに関連する情動であり，攻撃性は精神生物学的なエネルギーである**（Miller, 1979）ということを前提として，情動的現象としての怒りと欲動としての攻撃性とは別々に発達するものであるとの立場をとっている。つまり，愛はリビドーから生まれるのではなく，また，憎しみも攻撃性から生まれるのではないという立場である。その方が，前章の情動の分化プロセスを採用している自らの立場との整合性があるように思われるからだ。

　おそらく精神分析学になじみのない読者にとっては，「攻撃性は精神生物学的なエネルギーである」ということそのものがよくわからないという方が多いのではないかと思う。ここでなるべく同意が得られやすく，かつ，わかりやすく説明をしようと試みるのであれば，**攻撃性はつながりを切断するエネルギー**であり，それに対して**リビドーはつながろうとするエネルギー**と説明しておくのが妥当なのではないかと思う。

　そして，このように定義すると，怒りは攻撃性と同じ時もあるし，違う時もあるのだな，ということがわかるだろう。1人になりたい，あっちに行ってほしい，と思う時には怒りがわく。特に他者に向けられた怒りは，他者に対して不快であるということを宣言することであることもあり，怒りもまた機能としてつながりを切断する結果を導く。しかし，その人とつながり続けたいために怒るということもある。本書に示された子どもたちを見れば明らかであるし，日々の生活の中でもそれほどわからない話ではないだろう。つながりたいがゆえに拒否されるのではないかと不安になったりする時など，私たちは自分の不安によって，あるいは，過去の嫌な思い出によって「不快にさせられ」，怒るのである。

EMADISにおける攻撃性と怒り

　さて，攻撃性と怒りを区別してみたが，上記の区別に気をつけながら，改めてEMADISで述べようとしていることについて考えてみたい。
　まず，そもそもEMADISで攻撃性と言い出した時の筆者の意図から振り返ってみよう。先に断っておくと，筆者もまたご多分に漏れず，攻撃性と怒りを十分区別せずに使っていたことを告白しておく。しかしこの時筆者は，攻撃性の機能的な意味を意識していた。それは，1つには「分化」を進めるエネルギーとしての攻撃性，もう1つには「排出」を促進するエネルギーとしての攻撃性である。

1.「分化」を進めるエネルギーとしての攻撃性

　先に，発達を推進する力としての攻撃性に少し触れた。象徴的に言えば，赤ん坊は臍帯を「切り」，母親とは別の生命体としての人生を始める。最近はイヤイヤ期という言葉も好まれなくなっているが，第一次・第二次反抗期といった親にとってこずらされる時期もまた，親への依存的なつながりから分化した個人として存在しようとする攻撃性のエネルギーに支えられた努力の形である。このように他者とのつながりを切ろうとするのには，個人性を明瞭にしたい，独立性を高めたいという成長欲求が仮定される場合がある。
　加えて，先にボロボロになった個人が怒りの感情によって立ち上がろうとすることがあるということも述べた。怒りは孤立無援の状態であっても自分自身であろうとする自律性あるいは意志を支えることがあるのだ。
　また，EMADISにおいて攻撃性と言ったのには，第1章に示した問題状況の文脈があることが重要である。問題状況において疲弊した教師たちは，児童生徒との関係に過剰に影響されて，自らの独立性を失っていた。また，教師間関係において現実的には孤立していたが，体験的には他の教師らが何を思っているだろうという不安に囚われていたようだった。つまり，（心的な）

他者の影響を強く受け，我を失った状態だったのだ。そのため心理士は，我を取り戻してもらうための介入として攻撃性を刺激した。彼らの個人性，独立性を高めようとしたのである。このような文脈において筆者が攻撃性に着目したという前提はよく理解してもらえると良いのではないかと思う。つまり，なんでもかんでも攻撃性を引き出せと言っているわけではないのだ。

2. 蓋となっていた「怒り」の抑制と「排出」エネルギーとしての攻撃性

　実のところ介入当時の攻撃性に着目した意図は，先に示したような個人性や独立性を高めようとしたというところが一番大きい。しかしもう1つ言うならば，「口を滑らせる」のを刺激したということもある。怒りや攻撃性にそのような機能があると誰かが言っているかもしれないし，ただの筆者の臨床実感に基づいての判断かもしれない。ただ，EMADISの描かれた背景に再度戻ると，EMADISに描かれた孤立していた教師たちは，悪口を，不満を漏らすことのできない教師たちだった。その不満を漏らすというささやかなことがいかに大変であるかは，第6章と第7章の結果からも読み取れることだろう。彼らは，教師の立場である自分が，子どものことを悪く言ってはならないと思っていた。あるいは，自分が悪いから子どもが良くならないのではないかと思うばかりに，周りの非協力を責めることができなかった。そこには，1人で何でもできる先生が素晴らしいという文化的な価値観もあった。とにかくさまざまな圧力によって彼らは不満を言うということから遠ざけられた。そして自らの本音からどんどん遠ざかっていったのだ。その意味で，怒りを刺激することは彼らの本音を抑圧する蓋を刺激することだったのである。

　第1章の柳沢先生と澤先生の例を思い出してほしい。彼らは心理士によって怒りを刺激された。そして自らの怒りに触れた2人は，その後とめどなく蓄積したいたものを噴出させた。あの噴出の勢いの背後にはまさに「エネルギー」と呼ばれる質のものがあったように思う。ただし，この場合の怒りと攻撃性の関係は筆者の中ではっきりしていない。今後の検討の中で考え続け

ていけたら，と思っている。

EMADIS を用いる教師と心理士に向けて

　さて，先述の通り，筆者はそもそも臨床において怒りになじんでいたし，怒りは初期の関係づくりのチャンスであるということも過去に書いた経験がある（川村，2010）。しかし，怒りは不快の表明であるし，攻撃性は関係を切るエネルギーなのだから，対人関係においてそれが見られるのは心地いいものではない。それは，筆者にとってもやはりそうである。読者の方々にも本書を通じて，EMADIS モデルを参照しようと思っていただけたかもしれない。しかし，そうすると必然的に他者の怒りや攻撃性と対峙せざるを得なくなってしまい，尻込みしたくなってしまうことも起こるだろう。そのような教師や心理士などの支援者たちに向けて，2つのことを書いてみたい。1つは，怒りの向こう側に関心を向けることであり，もう1つは投影性同一化を向けられることを喜んでほしいということについてである。

　まず，怒りの向こう側に関心を向けることから始めよう。EMADIS のもととなっている投影性同一化理論を構築したビオンについて触れてみたい。彼の投影性同一化理論をコミュニケーション理論として練り上げていく過程を読み進めていくと，師のメラニー・クラインが打ち出した投影性同一化理論，そしてフロイトの二原則の理論を用いながら，精神病患者と治療者としてのビオン自身の間で起きる現象をそのまま理解しようと熟考する過程に触れる中で，投影，包含，運動放出，といったその後の著作に見られたような言葉がポツポツと現れるのに気づかされる。さらに読み進めていくと，**「私が耐えられないことは，患者のコミュニケーション手段であることが明らかになった」**（1958）との宣言に出会う。その後に記されたのが有名な論文「連結することへの攻撃（Attack on Linking; 1959）」であり，この論文ではそれまでの検討の蓄積としての病理的な投影性同一化の記述と，それに対比して正常な投影性同一化過程が描かれるに至っている。この中で，「子どものほしいも

のを理解するには，子どもの泣き声を母親の存在への要求以上のものとして母親が扱うべきだったのに」と述べているように，はっきりと早期母子関係の文脈を置いたのだった。このビオンの発見のプロセスはまさに，患者からの攻撃によって体験される，自身の苦しみは一体何なんだろうと夢想するプロセスであったのだということがひしひしと感じられるのである。そう，膨大なエネルギーを投じながら，ビオンは患者の攻撃的現象あるいは怒りの向こう側に関心を持ち続けたのである。

さて，ビオンと彼のこの攻撃の取り扱いについて，祖父江（2010）は以下のように述べている。

> 乳児の泣き声は，ある面確かに母親を苛つかせる「攻撃的現象」なのだが，母親はたとえばそれを"苛立ち"や"敵意"の表出と皮相的に理解するのではなく，その現象の背後にある乳児の「言い知れぬ恐怖」を"もの想う（注：本書では夢想する）"必要があると言うのだ。攻撃性の背後に，"恐怖"や"痛み"を見る視点が，「もの想い」論の要諦でもあるし，先頭で述べたように，ビオンの攻撃性に対する扱いが良く示されているところでもある。ビオンは決して攻撃性を"咀嚼"せずに帰していない。　　　　　　　　　　　　　　　　　　　　（祖父江，2010, p82）

夢想とは，自らを振り返りながら投影性同一化を発している者の，攻撃性（あるいは声にならない声）の裏にある情動を知ろうとする試みである。自らの内側の体験に耳を傾けながら同時に相手の声に耳を傾ける能動的なプロセスである。ビオンもまた，そのような態度であったために，精神分析理論の中でも代表的な重要理論である投影性同一化について理解することができたわけだ。

怒りを受けてそれにひるんでしまうと，人は受身になる。独立性を失う。コラム「自分を責めるこころ，人を責めるこころ：超自我と無責任」（p.56）

で描かれていたことを使えば，自我が圧倒されて，べき論に支配されてしまうかもしれない。そうして体はそこにあっても，こころはその場から逃げ出してしまう。

　しかし，攻撃性の裏にあるメッセージは何だろうと耳を傾け続けると，その場から逃げないでいられる。その場に必死でいようとすることができる。それこそが，EMADISにおける2人ボッチ（病理的対象関係の反復）から，発達促進的関係の展開につながる態度的変換と言える。

　もう1つ，攻撃性から逃げずにいるための勇気につながるだろうと思われる理論をお伝えしたい。それが投影性同一化を向けられることを喜んでほしい，ということである。第7章にまた詳述するが，ブランクら（Blanck & Blanck, 1994）は，情動の嵐を吹き荒らす個人は，相手に対して安心を感じているからであると述べている。これを本論の文脈に翻訳すれば，投影性同一化を頻繁に用いる困難な児童生徒は，先生が自分の向ける攻撃性に耐えられるのではないか，あるいは耐えてほしいと思う部分があるからこそ向けているのだということである。EMADISの中に「対象の選択」と書いてあるのにお気づきだろうか。彼らは，やっつけやすい人間を選択しているのではない。自分が得られなかった，得たかった親のような存在を探し求めて，選択しているのである。そうだとすれば，教師や支援者にとって，これほど誇らしいことはないだろう。あるいは，そうだという認識が学校内に広がっていれば，澤先生はスケープゴートにされなくても良かったかもしれない。

　もう一度言いたい。怒りはチャンスである。そして，攻撃的現象に満ち満ちている投影性同一化の場は，育ちのフィールドでもあるのだと。

[コラム]
こころの安全な空間と体：
心的安全空間理論

　心的安全空間とは，個人がいかなる脅威や恐れからも自由でいられるこころの安全空間のことを指す（Kotani, 2004）。これを単純に安全感と言わないのは，安全感はそれだけでは壊れやすいものであるが，空間に保持されることによってその安全感は安定するためである。この空間における保持という点については，心的安全空間理論を作った小谷氏（2006, pp.33-34；以下，どうも呼びなれないため，小谷先生と記述させてほしい）が，本書でもたびたび引用されているビオンのContainer-Containedモデルとの関連性を指摘している。

　さて，筆者は心的安全空間理論を生成した小谷先生の下で長きにわたり訓練を受け，臨床を学んだ。今，その場に以前のようにどっぷり漬かることから離れてしまっているが，それ故に改めてよくわかったことがある。いや，本研究のためにビオンについて読み漁り，自分の現場に対して自分の力で（そして，仲間の力を主体的に借りて）答えを出そうと努力したから見えたことと言った方が正確だろう。それは，人に対する援助をする場において，身体がいかに重要か，ということである。

　小谷先生の訓練は，いつも武道的であった。おそらく先生が武道経験者であり，体で人生を越えてきた部分があったからだろう。思えばまたビオンも，非常に抽象的で難解な著作が印象深いが，彼はもともとスポーツ選手としても一流であったし，「殊勲十字章」という大英帝国の勲章を得た筋骨隆々の軍人であった。おそらくビオンの著作はビオンの強靭な身体に支えられている

のだろう。けれども，ビオンの理論を使う人たちが，その肉体に支えられた理論であるということをどれくらい意識しているか，知らない。あるいは，筆者がこのように書くことを戯言とお考えになられる方も多くいるかもしれない。だが筆者は，小谷先生とビオンが「器」の理論を生成していったプロセスには，両者が身体感覚を臨床において大事にする姿勢が反映されていると確信している。

　本書を貫くテーマの1つに，こころの中の安全感が，子どもにとっても教師にとってもいかに維持されるか，そのためにチームがいかに必要かというポイントがあることに，すでにお気づきの方もいらっしゃるだろう。そして，第4章で田村先生に対して心理士が，「体の意識」を強調した介入をしていることに目を留めた方もおられるのではないだろうか。

　あるいは知的障害特別支援学校での嵐のような現場で作られた理論だからよくわかるのかもしれない。言葉を学ぶ力にハンディキャップを抱えた子どもたちとの臨床の中で作られた理論だからかもしれない。体の感覚（あるいは実感，体験と呼ぶべきだろうか）を伴わない上滑りな言葉や，自分自身がここにいるという感覚を失ったままに子どもの前に対峙しても，言葉は届かない。言葉は私のこころと体全てから発せられた時にしかメッセージ性を帯びないと現場で強く感じたのである。そして，今目の前の人間に対して，体とこころという存在全てとして対峙し，存在全てで応答して初めて，器を貸すことができるということを，教師たちに伝えようとしてきたのだ。

　先に，本研究のためにビオンについて読み漁り，自分の現場に対して自分の力で答えを出そうと努力したから見えた，と書いたが，結局これは，自分自身という器を作る作業だったと言えるかもしれない。知的障害特別支援学校という筆者がこれまで生きていたのと全く異質な場で，筆者が筆者らしく，けれど，この場所で良い仕事ができるようにと試行錯誤を続ける中で，この現場に対する独自の専門性が高まっていった。このプロセスを経て，筆者の輪郭がより筆者らしくなっていったと感じる。そうして，器は強固になっていき，次々と現れる難しい子どもたちに対しても「何とかなるだろう」，もっ

と言えば「何か新しいことが起きたとしても，自分なりに対応するだろう」という安心感，楽観性も育まれていった。

　小谷先生によれば，心的安全空間の発達は以下のプロセスによって起きるという。①外に存在する，あるいはすでに存在している安全空間に受身的に依存する状態。この時，安心感・安全感は意識されにくい。②快感原則の働きによって，既存の安全空間を冒す。③既存の安全空間を冒すことで，現実的な壁と出会う。現実原則により，自らの未熟さにも出会う。④この時，安全が保障されていることによって，現実的な壁は個人にとって脅威ではなく，鍛えの喜びを提供するものとなる。また，既存の安全空間の認知が明確化し，さらに新たな安全空間を獲得する。

　このように，心的安全空間は，はじめは親や周りの大人，あるいは，仲間に借りるところから始まるかもしれないが，それが安定したものになっていくためには，結局自分が奮闘して得られたという身体感覚の実感を伴う体験によってしか得られないのだろう。そう考えると，失敗や挑戦とはなんと素晴らしい機会だろうか。

第6章
教師たちの葛藤と成長の軌跡

　特別支援の現場で取り組みを続けていくうちに，筆者は実に多くの先生たちから同様の相談——つまり，投影性同一化力動から脱却できず孤立感を深め，精神的なダメージを受けてしまっているのだけれども，子どもとの良い関係を構築したいのだという相談——を受けるようになった。あるいは，筆者がかかわっている学校では，「来年度はあの学年が大変になるかもしれないから，早めに手を打とう」と，展望を持った動きを学年チームで始めることも増えていった。さらには，県内各所から，そして県外からも話を聞きたいとのお声掛けをいただけるようになった。徐々に，難しい子どもたちに対して「一年無事に過ぎてくれれば」と無力感を抱く教師が大半であった状況から，「学校が彼らに対してできることがある」という希望が拡がるような状況に変わっていったということだろう。

　そして第1章，第2章に描かれたハルト君とナオミさんに対する奮闘から3年経った頃には，大変な子どもたちの成長を促進できたと思うに至った経験のある教師11人が，筆者の研究に協力してインタビューに応じてくれる状況までになった。つまり，ハルト君やナオミさん，ユウキ君のような子どもたちとの間で奮闘し，心身ともに疲弊してしまったこともあったけれども，再び立ち上がって子どもたちを成長させたという自分自身の物語を創造した教師が11人も集まったのだ。

研究へつなげる

　ここまで見てきたように，投影性同一化力動における病理的対象関係に陥った教師の孤立と被害妄想感覚の強さは大変なものである。1人で抜け出せるというようなデータはまだほとんど見当たらない（1人では抜け出せないというデータはたくさんあるけれども）。

　また，ここまで学校文化についても少し触れてきたが，特に第3章までに描いてきた頼ることの難しい文化は，チームティーチングを謳う特別支援学校であっても根強く存在するようだ。さらに，忙しさなどさまざまな理由から即時的解決方法を求める傾向（いわゆる，ハウトゥーを教えて欲しがる傾向）を教師たちが持っていることは，スクールカウンセリングを行った経験を持つ心理職者であれば誰もがぶつかったことのある壁であろう（小林，2009）。こういった教師たちを取り巻く文化や価値観は，投影性同一化を処理するにおいて，そもそも望ましいものでない。それゆえ教師たちがそれを処理しようとするならば，その教師自身が相当に意識的でないと不可能であろう。

　そもそも投影性同一化の処理というのは心理士にとっても難しい課題である。週数回1時間などの限られた時間の中でクライアントと会い，構造に守られている心理士であってさえ投影性同一化の処理をするのは苦しい仕事なのである。それなのに教師は，子どもたちが学校にいる間中，投影性同一化に晒されている。他の子どもたちも存在し不測の出来事のたびたび起きる場所で，投影性同一化の処理をするのだ。さらに教師は，心理士のような訓練はされていないし，投影性同一化についても知らない。また，一度発達促進的関係に展開したと思われた教師でさえ，年度が変わってチームの協力が難しくなると，とたんに病理的対象関係から抜け出せなくなるということもある。EMADISモデルでは単純化されて描かれていたけれど，このようなさまざまな要因の重なり合いのため，病理的対象関係から抜け出して発達促進

関係に転換する道のりは，実際には厳しいし，支援者にとっても忍耐を要する仕事である。

　第3章では，教師側の関係性展開要因を探るべく検討を行い，教師の主体性の回復および，そのきっかけとしての仲間の存在を指摘した。その関係性展開要因の抽出ができたという点において意味があったことや，病理的対象関係に陥った状態から発達促進的関係に展開できる可能性をプロセスとして提示できたことに意義があったことは先に示したとおりである。しかし，この11名の教師，あるいは他のともに歩んできた教師たち，さらには講演などの機会に新たに出会った教師たちとの間に，大事な関係が育まれていくにつれ，この発達促進的関係への展開プロセスが容易ならざる道のりであり，また，その道のりを通過することによって互いが成長するのだという，「生きた世界」を，研究という文脈において示したいと強く願うようになっていった。
　第3章にも書いたが，教師たちがどういう心情で子どもたちと向き合ってきたのか——恐らくそれは大変な忍耐を要する日々に違いないのだが——，そういった心情に迫ることは非常に重要なことなのではないかと考えるようになった。特に，即時的な解決法を求めてしまう文化の中にいる教師にとって役に立ちたいと思っての研究だからこそ，いや，そもそも社会全体が，悩むことを避けて安易な言い訳や解決法によって，ことなかれにしようとする世の中になってきているからこそ，モデルを作ることがコンビニエントな流れに加担しないようにしたいと願ってのことである。このような強い気持ちを持って研究に挑むことは，客観的ではないと言われるかもしれない。しかし，強い思い入れを持っているからこそ，研究という客観性を担保するための枠組みを利用して何か示そうというのは，多くの研究者の態度の有り様なのではないかと思っている。
　こういった思いから，筆者は「投影性同一化を頻用する知的障害児童生徒との病理的対象関係から発達促進的関係への展開を経験した教師を研究協力者として，このような困難事例が増加する知的障害特別支援学校における教育モデルを現場教員の実感に基づき，彼らが実感を持ってよく理解できる予

測性のある理論として描き出すこと」を目的として研究を行った。

　研究にあたっては，M-GTA（修正版グラウンデッドセオリー：木下，2003；2007）を用いた。対象者の相互交流世界を生き生きと描く上で，この手法は実に優れた方法だと筆者は感じている。M-GTAに関心のある方は研究会に参加して学ぶことを強くお勧めする。開発者の木下康仁先生の書籍『グラウンデッド・セオリー・アプローチの実践――質的研究への誘い』(2003)と『ライブ講義M-GTA　実践的質的研究法　修正版グラウンデッド・セオリー・アプローチのすべて』(2007)に分析方法に関する非常に丁寧な説明があるが，この丁寧な解説書を手元に置きながら分析を進めたとしても，1人で，特に初学者が扱えるほど，この手法は甘くない。そもそも，研究におけるスーパーバイザーの有用性についても分析の前提とされている（筆者も多くの先生方に大変お世話になった。特に，桜美林大学の丹野ひろみ先生や，M-GTA研究会前会長で現在相談役の小倉啓子先生にはお礼申し上げたい）。実際，研究者自身のデータに丹田の力を使って徹底的に向かい合うこと抜きにM-GTAを通した良い研究は不可能であることが研究会に出ればわかるし，人間は弱いということを考えると，研究に並走してくれる人たちの存在が非常にありがたいことだと痛感する（かくして私はいつも誰かに支えられているのである。だから本書で一貫して，主体的であるためには仲間が必要であると，確信を持って言い続けられるのかもしれない）。

　おそらく現場にとって最も使いやすい理論モデルは，EMADISであろう。実際に，すでにこのモデルの他所への援用も始まっている。けれど，筆者は本章のモデルが現場の教師たちの実感に非常に近い部分を表していると自負している。1つ1つの矢印が，1つ1つのカテゴリーが現場教師の，ひいては，筆者のメッセージの凝集しているものである。もしあなたが――教師であれ，施設の職員であれ，放課後等デイサービスの職員であれ，あるいは母親であれ――，投影性同一化に巻き込まれている状況にあるのならば，その実感を持ってこのモデルを眺めてほしいと思う。そして，状況が変わればまた眺めてほしい。何度か眺めてもらっていつも新しい気づきがあると感じていただ

けるようなものになっていると嬉しい。さらに言えば，このモデルの向こう側にいる11人の教師たちから「一緒に頑張ろう。大丈夫だ」という声が聞こえてくるようなモデルであれば，教師の孤独に対して意味のあるモデルを越えた何かのツールになれるかもしれないと期待さえしている。

分析結果

　分析は，分析テーマを「知的障害特別支援学校で児童生徒との対応の中で無力感を持った教師が，児童生徒の成長を促進できたと自負できるようになるプロセス」とし，分析焦点者を「近年知的障害特別支援学校に増加した大変な児童生徒への対応で無力感から児童生徒の成長を促進できたと思うに至った経験がある教師」と設定して行った。読者の皆さんは，分析焦点者に定義されているような人たちが，分析テーマにあるようなプロセスを経る中で起きた対人相互作用プロセスが表れた図表が以下に示されるのだな，と思って読んでいただければ良いかと思う。以下に分析結果として，概念一覧表（表6.1），プロセス図（図6.1）を示す。また，その後にストーリーラインを示す。

表6.1 概念一覧表（サブカテゴリー・カテゴリーの定義はストーリーライン内に提示）

概念一覧

	概念名	概念定義	サブカテゴリー	カテゴリー
孤立	担当する覚悟	児童生徒に対して「自分が担任だ」「自分がキーパーソンだ」ということを覚悟をもって自覚する		子どもを担当する重圧の発生
	子どもが怖い	児童生徒の暴力的，攻撃的な態度や行動が読めず，怖い	逃げ腰の関わり	
	悪評による不安	実際の交流を始める以前に，大変な子どもだという悪評を見聞きして，かかわりへの不安を高める		
	暴力暴言の標的	児童生徒の暴力や暴言と言った明らかな攻撃行為や，自分だけを無視したり睨みつけたりするといった隠れた攻撃のターゲットになる		
	私の努力は認められているのか	自分なりに児童生徒をよく指導していると思っているが，周囲からどう見えるかは自信を持てない	他教員への不信	自信喪失
	話さなきゃいけないけど無理	児童生徒への教育のために教員と話をしなければならないのは分かっているが，できなくても仕方ない状況や空気があると考え，話をしない		
	自責と卑屈	うまくできないと自分を責めたり，周りから責められている気がしたり，自分ばかり大変な思いをしていると卑屈になったりする	暗闇の中の孤立無援	
	闇雲なその場しのぎ	児童生徒の手を焼く行動に対して，これでは解決しないと違和感を持っていながら，反射的にその場しのぎの対処を繰り返してしまう状態		
	症状発症	児童生徒や教師たちとの関係性の中で，心身を病んでしまう		
分水嶺	こぼれ落ちる弱音	児童生徒についての普段言えない弱音を意識的／無意識的に漏らす		子どものこころの発見
	子どものこころに基づいた指導	児童生徒の情緒や動機などのこころの状態や認知機能などこころの状態を，その時々で意識し，その理解を根拠に対応する	子ども理解の精緻化	
	見つけた！変化や努力	児童生徒の問題行動の中にある小さな良い変化や児童生徒自身の努力を発見し，喜びを感じる		
	保護者と子どもの仲裁	保護者と児童生徒のコミュニケーションの問題に気付き，間に入ってやり児童生徒を守るよう（ひいては，保護者も守るよう）働きかける		
	子どもとの間の特別な親しさ	まるで親子や家族のような親しい感情を大変な児童生徒に対して特別に抱き，そのように関わる		
	子どもへの執心	児童生徒に対して深く思い入れるがゆえに，その子のことで頭も心もいっぱいになっていく	抱え込み	
	他に手が回らない罪悪感	特定の児童生徒に集中するがゆえに，ほかに手が回らないことに罪悪感を覚える		
展開	個別に率直な意見交換	児童生徒の指導に関わる考え方や価値観，意見，アセスメントを個別に深く話し合う	安心なところからの教師の関係作り	教師間関係の安心感づくり
	外部専門家を介したチーム作り	他教師から孤立状態の教師が，外部専門家に相談することで他の教師とつながり，チーム作りを発展させる		
	教師チームで作戦会議	大変な児童生徒を学年で見ることを意識して，児童生徒の情報や指導方針について，フォーマルに集まってやり取りする	目的のもと一致団結	
	呼吸のあったチーム対応	児童生徒に関する情報や指導の計画・目標が共有されており，それを指針に教師同士がお互いの動きを見ながらその場その場の児童生徒の動きに対応していく		
	チームに支えられた挑戦的指導	教師チームに支えられて大変な児童生徒に対して効果的ではないかと思われる指導に挑戦できる		

	概念名	概念定義	サブカテゴリー	カテゴリー
展開	他児やその保護者たちの安心感づくり	ほかの子どもたちや保護者たちに対しても配慮して，大変な児童生徒が集団で過ごせるように工夫する	子どもの安心な場の拡げ	内省に開かれる
	仲間関係づくりを促進	大変な児童生徒が他児と関われるように仲を取り持つ		
	頼り下手な自分	苦労や，心身ともに疲れている感覚を上手に表現できず，結果受け止めてもらえない自分に気づく	自分を知る	
	自分もまた持っている独自の教育観	共に働かなくてはならない教師それぞれが違う指導観を持っていることに直面し，自分自身の教育観に気づく		
	そこにあった温かい眼差し	自分のつらさ，ネガティブな気持ちを温かく見てくれる同僚の存在に触れる	目の前の教師を現実的に知る	
	教師チーム作りの難しさ	教師それぞれの価値観や感情や問題意識の違いや，率直になりにくい教師文化など，チームになることに関わる困難性を発見する		
	抑えつけることへの葛藤	学校，家庭，福祉の様々な場において，大変な児童生徒は抑えつけたい対象と見なされがちだが，それが本人の成長のためになるのか，あるいは関係各所と本人を抑えつけると成長の場を与えることに関わる話し合いをどのように持ち得るのか悩むこと	現場の限界の中で何ができるか	
	マンパワー不足だがやるしかない	学校は慢性的なマンパワー不足であるが，言っても仕方ないので，自分が精いっぱい頑張るしかないと考える		
	子どもと離れられないのは自分	子どもを安心させるためにと思って親くく関わっていたが，離れられないのは自分だったと気づき，ハッとする	腑に落ちる	
	教育観は皆それぞれ	他の教師との指導観や仕事への考え方など，様々な価値観には違いがあることに気づき，受容する		
	大変な子だが，やれる	大変な問題行動があろうがなかろうが，児童生徒が成長すると信頼し，自分もこの児童生徒を担当できると感じる	Negative Capability	
	迷いつつ，やれることを粛々と	分からない，迷う，というモヤモヤした感じを抱えながらも，自分のやれることを精いっぱいやる		
巣立ち	子どもの成長に感動	児童生徒の成長を感じて，喜び，感動，満足などを感じる	この子はもう大丈夫	有能感の獲得
	成長した子どもの背中	成長を促進した子どもが，自立的にうまくやっていけるだろうと信頼感を持ち，手放しを意識する		
	子どもは変わると発信したい	実際に大変な児童生徒と関わり，彼らを成長させられたという経験をし，同様の子どもたちも良い指導を受けられるようにと願って，成功事例が拡がるのを望む	子どもを成長させたという自負	
	学校が変わった	大変な児童生徒を異質なものと捉えていた学校が，そのような子どもを抱えていく中で，学校そのものの文化や価値観が変化していく		
	子どもを成長させることへの自信	大変な児童生徒の成長プロセスを経験し，子どもの問題やかかわり方，見通し，子どもは変わるのだということを知り，次もまたやれると感じる	教師として成長した自分を味わう	
	感慨深い自分の成長	児童生徒が変わったと思っていたけれど，自分も変わっていたのだと気づく		

第6章　教師たちの葛藤と成長の軌跡

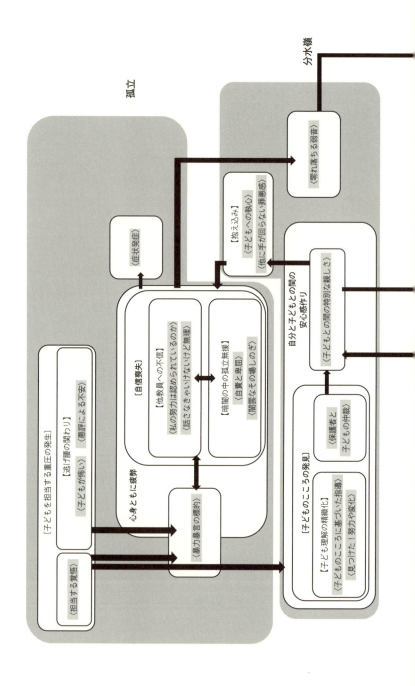

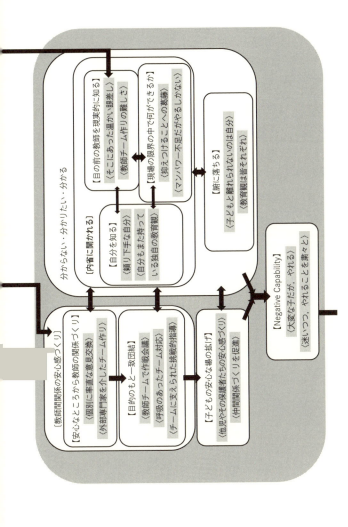

図6.1 知的障害特別学校教師が、困難児童生徒とともに成長していくプロセス

第6章 教師たちの葛藤と成長の軌跡

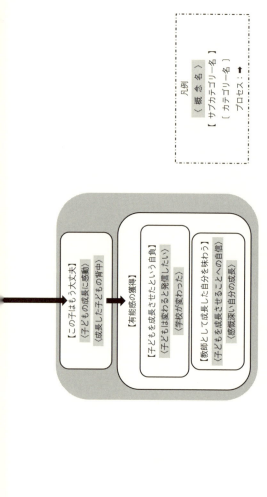

図 6.1 知的障害特別支援学校教師が,困難児童生徒とともに成長していくプロセス(つづき)

以下に、ストーリーライン、つまり、図表6.1が示している物語を示す。図表に戻りながら読んでいただけると幸いである。

ストーリーライン

1. 孤立

　大変だと感じさせる児童生徒と知的障害特別支援学校教師のかかわりの始点は、〔子どもを担当する重圧の発生〕である。この定義は「担任になる、あるいは何となく流れで他の教員から押し付けられることから、大変な児童生徒を学校に適応させなければならないという重圧が生じること」である。これは〈担当する覚悟〉と、〈子どもが怖い〉と〈悪評による不安〉を含む【逃げ腰のかかわり】つまり「恐れや不安ゆえに、行動や態度が児童生徒に対して逃げ腰になること」からなる。

　〈担当する覚悟〉をもった教師であっても、【逃げ腰のかかわり】をした教師であっても、〈暴力暴言の標的〉になるのだが、往々にして教師が心身ともに疲弊していくことにつながっていく。**心身ともに疲弊**していくプロセスは、〈暴力暴言の標的〉になることで〔自信喪失〕し、またそれが〈暴力暴言の標的〉となることを引き起こしてしまうという悪循環にはまってしまうことを示している。〔自信喪失〕が起きるのにもまたプロセスがある。〈私の努力は認められているのか〉と不安になったり、〈話さなきゃいけないけど無理〉と感じてしまう【他教員への不信】つまり「児童生徒との辛いかかわりの中にいる自分にとって他の教員は助けにならない、むしろ自分を批判的に見ている存在だろうと感じること」というような〈自責と卑屈〉を感じたり、〈闇雲なその場しのぎ〉に陥ってしまう【暗闇の中の孤立無援】つまり「児童生徒の暴言暴力から自分を守りつつ教育活動を行おうとするが、そこには見通しも助けもない状態」が相互作用的に繰り返されることによって、自信喪失が加速化されていく。このように**心身ともに疲弊**した教師は〈症状発症〉に陥ることがある。

2. 分水嶺

　一方，**心身ともに疲弊**した教師が〈零れ落ちる弱音〉を発することができると，〈そこにあった温かい眼差し〉を発見し，孤立の負のループから脱することがある。あるいは，自分の悩みがうまく伝わらず〈教師チーム作りの難しさを発見〉することもある。いずれにせよ，【目の前の教師を現実的に知る】ことにつながり，孤立のループから抜け出すことが可能となる。また，〈担当する覚悟〉を持った教師は，〈暴力暴言の標的〉となりつつ，**自分と子どもの間の安心感作り**，すなわち「児童生徒と自分の間に安心感を作ろうとする試行錯誤」を進められることもある。このプロセスは，〔子どものこころの発見〕つまり，「児童生徒の問題行動の背景にある動機（こころ）に目を向けられるようになったり，児童生徒の問題と関係のない，その子らしいこころの部分に目を向けたりする」ことから始まる。この〔子どものこころの発見〕は〈子どものこころに基づいた指導〉と，そのような指導を継続することで体験する〈見つけた！　努力や変化〉からなる【子ども理解の精緻化】，および，〈保護者と子どもの仲裁〉からなっている。そして，〔子どものこころの発見〕を通じ〈子どもとの間の特別な親しさ〉が生じるようになる。

　その〈子どもとの間の特別な親しさ〉にはまり込み，〈子どもへの執心〉と〈他に手が回らない罪悪感〉に取り込まれていく【抱え込み】状態に陥ると，また，孤立の位相の**心身ともに疲弊**した状態に陥っていく。

3. 展開

　〈子どもとの間の特別な親しさ〉を感じた教師が，〈個別に率直な意見交換〉したり，〈外部専門家を介したチーム作り〉をすることで，【安心なところから教師の関係づくり】を進めていけると，〈教師チームで作戦会議〉をしながら，〈呼吸のあったチーム対応〉や〈チームに支えられた挑戦的指導〉を行うなど，【目的のもと一致団結】，つまり「価値観，指導観の相違や不満などあったとしても，児童生徒を育てるという目標のもと一致して，協力しながら指導をしていく」ことが可能となる。これは〔教師間関係の安心感づくり〕の

プロセスである。それに成功すると，教師1人では難しかった，〈他児やその保護者たちの安心感づくり〉や〈仲間関係づくりを促進〉による【子どもの安心な場の拡げ】，すなわち，「児童生徒が教育の場で安心感を感じている教師以外との安心感を持てずにいるのを，児童生徒にあったやり方を考えてサポートし，活動や人間関係のフィールドを拡げること」が可能になる。

　この〔教師間関係の安心感づくり〕から【子どもの安心な場の拡げ】のプロセスは，**わからない・わかりたい・わかる**というプロセスと相互作用関係にある。**わからない・わかりたい・わかる**は，〔内省に開かれる〕プロセスと，〈子どもと離れられないのは自分〉，〈教育観は皆それぞれ〉と【腑に落ちる】体験，すなわち「どうしたらいいかわからないと迷ったり，もやもやしていたものが，ストンと落ちる感覚」の相互作用によって成り立っている。〔内省に開かれる〕プロセスは，〈頼り下手な自分〉に気づいたり〈自分もまた持っている独自の教育観〉への気づきがある【自分を知る】ことと，〈そこにあった温かい眼差し〉に気づいたり，逆に〈教師チームづくりの難しさ〉を発見するといった【目の前の教師を現実的に知る】，そして〈抑えつけることへの葛藤〉を体験したり，〈マンパワー不足だがやるしかない〉と感じたりするような【現場の限界の中で何ができるか】というさまざまな内省が相互作用的に起きるプロセスである。

　この〔安心感の内在化〕プロセスと，**わからない・わかりたい・わかる**プロセスが相互に起こることで，教師は，〈大変な子だが，やれる〉という前向きな感覚と，〈迷いつつ，やれることを粛々と〉という現実的な感覚両方に基づいた【ネガティブ・ケイパビリティ】，すなわち「不確かさ，不思議さ，疑いの中にあって，早く事実や理由をつかもうとせず，そこにい続けられる力」に基づいた指導ができるようになる。一方で，〔教師間関係の安心感づくり〕ができない場合，また防衛的に**自分と子どもの間の安心感作り**に戻っていくことがある。

4. 巣立ち

そのようなプロセスを経て教師は，〈子どもの成長に感動〉したり〈成長した子どもの背中〉を見守りながら【この子はもう大丈夫】という体験を強めていく。さらに〈子どもは変わると発信したい〉〈学校が変わった〉という感覚である【子どもを成長させたという自負】を抱いたり，〈子どもを成長させることへの自信〉〈感慨深い自分の成長〉を感じられるという【教師として成長した自分を味わう】，〔有能感の獲得〕に至る。

プロセスの説明

以下に図6.1，表6.1および，ストーリーラインについて考察したことを示したいと思う。図表を合わせながら読んでいただけると幸いである。

1. 始点〈子どもを担当する重圧の発生〉

知的障害特別支援学校教師が本章で描かれているような難しい子どもたちと「心理学的」に出会うのは，子どもと教師が実際のやり取りをするのに先行する場合が多い。事前情報や評判，あるいは他のクラスでの姿を見たことがある，というような，自分とのかかわりの外での子どもの姿からイメージを形成し，空想の中ではそのイメージの——多くの場合，自分を脅かす大変恐ろしい——子どもと「出会って」いるのである。つまり，子どもたちの成長を促進できたと自負できるようになるプロセスは，実際の交流前から始まることが多い（この時子どもの側もまた，自分を困った子どもとして扱う注意すべき大人たちや学校を想像しているかもしれないと考えないのは，大人の側の怠慢であろうか）。

「今度来る子は，あちこちの児相を回ってくるらしい」「どうやら家庭内暴力をやって施設に入ったらしい」「前担任は彼女とかかわって1カ月でうつになって休職だって……」というような情報が入ってきて，「そうか，じゃあ私が何とか！」と前向きになれる先生は少ない。そのような稀有な先生は，暴

力を受けても果敢にかかわり続け、〔子どものこころの発見〕に向かっていく——第3章の骨折した教師のように。しかし、ほとんどの場合、情報を得た時点で、すでに空想の中で子どもとのかかわりに対して怯えることが始まっている。もちろんそのような前情報もなく、いきなり会った当日から殴られたり逃げられたりして疲弊してしまうことも、稀ながらある。いずれにせよ、そのような暴力等の行動の背後にある、子ども側の理由やパターンが理解できれば、まだ何とかできるのかもしれないが——いや、それがわかれば何とかなるはず、という空想を持っているからこそ——、それがわからないことに不安になってしまうパターンがほとんどである。このように空想の中で、あるいは実際のかかわりの中で教師の不安が増大すると、教師を【逃げ腰のかかわり】にしてしまう。この逃げ腰のかかわりは、第3章の結果に示された、「受身」に対応するものであろう。

2. 心身の疲弊とそこからの脱却

　心身ともに疲弊してしまうかどうかは、まず、〈暴言暴力の標的〉になった時に、【逃げ腰のかかわり】をしているか、〈担当する覚悟〉の下、能動的になっているかの違いが寄与するようである。これは、第3章で考察された能動的な仮説検証過程に入る、主体性の有無に関連するように思われる。はじめから主体性を持ってかかわれる教師と逃げ腰になってしまう教師がいるところには、教師の経験あるいはチームの風通しのよさなど、他の要因もあるだろう。

　また、【自信喪失】のプロセスは、第3章の「孤立」のプロセスと対応しており、よって、本研究で示された**孤立**のプロセスは、病理的対象関係の反復の際に教師たちが体験しているプロセスをよく表している。そしてこのプロセスから抜け出せないでいると、体重減少、不眠といった抑うつ症状や、出校前の過度な不安感などの〈症状発症〉に至ってしまうケースが多々ある。

　さて、このような孤立のプロセスから抜け出る流れとして、本結果では〈零れ落ちる弱音〉が示された。これは非常に印象深いエピソードがいくつも得

られた概念であった。たまたま通りがかった，ほとんど交流がないけれど憧れている先生の前で，無意識的に「どうしたらいいんだろう」と呟いてしまい，その数日後，その先生から声をかけられたという教師。1人で頑張っていたのだけれど予期せず泣き出してしまい，そんな自分に対して話を聞く時間を割いてくれた仲間がいたことを発見した教師。あるいは，言葉下手ながらどうしたらいいかわからないと伝えて的外れな返答をされて，やっぱり自分は人に頼るのが下手だなあと感じた教師などさまざまである。第3章で言うところの「困っていることを口にする」から，「周囲の存在に気づく」プロセスに対応すると言えるだろう。一方，第3章の考察では，困っていることを口にしても空振りしてしまうことがある可能性については触れられていなかったが，本研究からはそのようなプロセスの存在も示された。教師の多くが個人的な困っている感覚を口にできない理由として，言ってもわかってもらえない，共感してもらえないと恐れていることを語っていた。それはもちろん，困っていることを表現するのが下手な――不安になっている時には誰でも自分の気持ちを上手に表現できないものであるが――孤立している教師側の理由もあるし，相談相手の選択の問題もあるかもしれない。ただし表現するのが苦手な自分というのも現実，周りには他人の困り感に敏感な教師も鈍感な教師もいるというのも現実である。

　この「現実」というのが非常に興味深いのである。〈零れ落ちる弱音〉は単純に考えれば，教師チームの助けを得るような相互作用プロセスにつながっていくのだろうと予想されたのだが，実際は助けが得られるかどうかよりも――もちろん助けが得られるに越したことはないのだが――，自分自身や自分自身が置かれている現実にハッとすることにつながっていくことがデータからわかったのである。第3章でも「困っていることを口にする」と楽観性に向かうプロセスが動き出すことを述べた。また第3章の中でもコラム「心的等価モード」の中でも幽霊の話を描いた。これらと共通する内容である。誰もが身に覚えのある視野狭窄状態から抜け出て，自分の内側が回りだす感覚が，〈零れ落ちる弱音〉によって導かれるのである。

この2つの研究の共通結果より，助けが得られるかどうかは二の次であって——いや，繰り返しになるが，助けを得られるに越したことはないのだろうけれども——，自らが病理的対象関係の反復状態，言い換えれば視野狭窄に陥ってしまっている状態から抜け出すために，「言葉を紡いで，現実と出会うこと」が重要なのだと考える。私たちは視野狭窄状態の中では，周囲にどんなに助けたいと思ってくれている人がいたとしても，助けられることは起きえない。だからまずは，助けられるべき人が，助けを受け取ることのできるこころの状態を作らなくてはならない。大変な状況に陥ったならば，助けを求めればよい，そして周囲も気を配ればよい，という単純な話ではないのである。このことは，現場の感覚とも一致するところではないだろうか。

3. 分水嶺

　まさに，水流が二手に分かれるがごとくである。しかもこの水流それぞれの行きつく先は，第3章で言うところの病理的対象関係と発達促進的関係という，決定的に違う運命である——子どもにとっても教師にとっても。そして，その分岐点は2つ用意されているようだ。その1つ目は教師と子どもの関係づくり，もう1つは，教師との関係づくりに関与するようである。この2つの分水嶺について以下に詳細を見ていこう。

(1) 自分と子どもとの間の安心感作り

　〔子どものこころの発見〕というカテゴリはいかにも，それまで子どもをこころを持った存在であることを教師が認識していなかったかのような物言いであるが，そのような評価を筆者が持っていることをあえて否定しない。本書を通じて筆者が，障害の向こう側にある子どもの子どもらしさ（あるいは暴力や問題行動の向こう側にある，その人のその人らしさ）に関心を向けるための主体性や能動性が必要だと強調していることは読者にも感じられているのではないかと思う。「悪評」ゆえに警戒心を強く抱くことがあるのは自然なことだろう。けれども，私たちはそういった時に「悪評」の色に染まった

眼鏡でしか子どもを見られない場合が多い。子どもは周りの大人が評価したように育つ生き物であるがゆえに，そのような色眼鏡は危険であるし，教師にとってもあまり良い結果が望めないことが，すでにここまで論じられてきたことからも明らかだろう。

　さて，この〔子どものこころの発見〕に当てはまる教師たちの体験は非常に興味深いものであった。暴力や問題行動，どう声掛けしても変化しない振舞いに対して，折れることなくかかわり続けた教師たちが，ある時，その子どもの問題以外の側面に，ふと，気が付くのである。例えば，「他の子たちはまだ，『おかあさんといっしょ』で流れるような歌が好きなのに，この子は今時の青年が聞くような音楽を好んで聴くことに気づいて，面白い子だな，と思った」「この子が暴力するのって悔しかったり恥ずかしかったりする時なんだ，と，自分以外の人に暴力が向くのを見て気づいて，繊細な子なんだな，と胸が痛んだ」「子どもは悪気がないのに起きてしまったミスに，お母さんがとっても怒っているのを知って，子どもの気持ちを代弁してやったことがあったのだけど，それからその子がわたしに笑顔を向けてくれることが増えて。それまで大人は自分を怒る存在だと警戒していたのかな，私は味方かもしれないと思ってくれたのかなって」などのような語りである。つまり，その子どもの生きた感情世界に触れて，親さ（ちかしさ）を感じるような瞬間があったようなのである。そうして，教師が子どもに対して親さを感じられるようになると，子どももだいぶ安心感が増えるようで，それが〈子どもとの間の特別な親しさ〉に発展するようであった。

　ここがある種，教師という方たちの純粋さだと思う。基本的に子どもに対して性善説的態度を持っていると言えば良いのだろうか。何かこころが通い合う感覚を持てると，つまり，この子はこころを持った人間なのだ，と感じられると，スッと子どもに対して味方になれる。多くの教師が「子どもには救われる」「子どもといるのが一番自分らしくいられる」というようなことを語ってくれていたが，これらの言葉と教師の子どもに対する親しい態度というのは関連があるだろう。

一方，このような子どもへの親しさは「一番辛いのは子どもとの関係ではない」「子どもには救われる。教師同士の方が難しい」「子どもたちといる時が一番リラックスする」というような体験と関連があるのだろうか。これらの言葉は，子どもは良い，教師同士は難しいという対立項で語られるものであった。こういった感覚は学校の教師に限った話ではないかもしれない。大学の教員をしていても教員同士より学生との関係の方がいいという言葉を聞くし，施設職員や看護師からも利用者や患者との関係の方が癒されるというような言葉を聞くことがある。父親と子育ての話ができないという母親の声も時に聞かれるが，そういう場合の母子関係は往々にして関係が濃密すぎることになりがちである。つまり，横（同僚，夫婦）の不仲は，縦（支援－被支援者，親子）の関係の歪みにつながることが多々ある。

　いずれにせよ本研究からは，教師との関係が難しいがゆえに，教師同士でぶつかり合うことを避け，すでに確立した子どもとの関係に逃避する場合もあることが示された。つまり，〔教師間関係の安心感づくり〕を達成できない場合に，再度〈子どもとの間の特別な親しさ〉に戻ってしまい，【抱え込み】状態に陥り，また孤立に向かうことが起きるというプロセスが存在するのだ。

(2) 執心と特別な親しさは何が違うのか

　すでにこのような子どもたちとの関係に困っており，その解決方法を知りたく思って本書を根気強く読み進めてきてくれた読者は，きっとこの疑問を持たれると思う。〈子どもとの間の特別な親しさ〉を感じることと，〈子どもへの執心〉を持つことは何が違うのか，と。実際この点はデータを整理する際にも検討にエネルギーを要した箇所の1つであった。もっとも明らかな違いとしては「執心」と言った時には思考の柔軟性が，視野の広さが失われるほどに，その子どもにこころ奪われてしまうという点である。特別な親しさを感じることは，思考の柔軟性や視野の広さを維持しても可能である。健康な母親のように。

　もう1つ，〈子どもとの間の特別な親しさ〉の質についてもコメントをして

おきたい。筆者が参加した Mentalization Based Treatment: Basic Training（2019年3月21〜23日）において、ベイトマン（Bateman, A.）先生とフォナギー（Fonagy, P.）先生が仰っていたことの中に、この点について重要な学びがあったので、みなさんにシェアしたいと思ったのだ。それは、愛着の発達に不全を抱えている患者に対して愛着を活性化させるような態度でかかわると、患者の自立性を損なうという内容であった。つまり、愛着の問題を抱えない者は、愛着対象に接近すると危機感が解消され情動が落ち着く（第4章に示されている、オフのような穏やかさを取り戻す）はずだが、愛着の問題を抱えている場合、愛着対象と接近することで嫌悪的な情動体験が再体験されてしまうため、情動が落ち着くことなく苦痛や恐れに繋がってしまい、再度安心を求めて接近しようとするループにはまり込んでしまうのである。このため、愛着が活性化されないよう、過度に興奮させすぎない、あるいは、過度に愛着的なかかわりをしないことが重要であるということだった。なるほど、赤ちゃんに対してかかわるように難しい児童生徒に接して、かえって児童生徒を興奮させ、問題行動を引き起こしてしまうパターンがあると思っていたが、こういうことか、と納得した。

　一方で、ベイトマン先生とフォナギー先生の患者に対する態度は（ロールプレイで見たところ、あるいは、筆者も実際にお2人の患者役をロールプレイで体験したところ）、非常に強い存在感を感じさせるものであったし、患者に対して人間として真っ直ぐにかかわっているのをはっきりと感じさせるものであった。つまり、過度に保護的であることと存在感があることは別なのである。

　〈子どもとの間の特別な親しさ〉は、ある種、教師と児童生徒の関係を越えた絆を想定しているかもしれない、通常の教師と児童生徒の関係という意味では。けれどもそれは、無力な赤ん坊を守ろうとするような保護的なものという意味でもなく、赤ん坊をあやすように接するという意味でもない。むしろ子どもたちは赤ん坊でないのだから、赤ん坊にかかわるように接することは、児童生徒の子ども返りを引き起こすかもしれない（これは教師の怠慢で

ある可能性の方が大きい)。そういった親しさではなく，この子どもの成長に対して自分が請け負うのだという感覚だったり，この子は成長するという期待を持つことだったり，灯台のようにはっきりとそこにいることが重要なのだろう。そういう意味で，「親子や家族」のような感覚なのである。

(3) 教師との関係づくり――教師間関係がなぜ難しいのか

　第3章の研究でも，教師間の関係の構築しにくさは描かれていたが，そこでは病理的対象関係に陥った場合の難しさに限定して描かれていた。本研究で非常に明確に表れたのは，子どもたち――それも，本論に登場するような，ある種困難な子どもたち――よりもなお，教師同士の間に安心できる，腹を割った付き合いを構築するのが難しいということである。筆者が思うに，そもそも教師間関係は難しさを内包しているのだが，こういった難しい子どもたちとの関係の中で連携が必須となった場合に，教師間関係にある特徴的な難しさ，ひいてはそれぞれの教師の個性――長所も短所も――が如実に露呈してしまうということなのではないだろうか。事実，こういう子どもたちとのかかわりの中で，「裸にされる」「弱さが見透かされる」といった感覚に陥った教師は少なくない。

　本研究では，「知的障害特別支援学校で児童生徒との対応の中で無力感を持った教師が，児童生徒の成長を促進できたと自負できるようになるプロセス」という文脈に限定した話をしているが，その文脈に限定しているという前提において，つまり，データに基づいた解釈の中で，教師同士の間で安心できる関係を作るのが難しいというのは，いったいどういうことなのか検討してみたいと思う。

　なぜ教師同士の関係に安心感を持てないのか，言い換えれば，教師間の関係の何が不安を導くのか。安心感を持てないという時の教師の主観的体験の多くは「教師としての力がないと思われているのではないか」という語りに表れる，自分のやっていることへの，あるいは，自分の方針を説明し納得してもらうことへの自信のなさであった。つまり，自分の教師力についての自

己評価あるいは他者評価を恐れているのである。

　教師力という言葉を使ったが，この言葉は，教育現場でよく聞かれるように思う。赤井ら（2013）によれば教師力とは，「専門知識」と「自己教育的知識」に基づいて自分が直面する課題を含むさまざまなケースに対して「ケースに最適解を与える判断」を行うというダイナミズムと，教員の知識と判断に基づいた「パフォーマンスが，『子どもの成長』と『関係者からの信頼』の獲得に働き，さらに『子どもの成長』と『関係者からの信頼』は教員に還流し，『教育への情熱』を醸成する」ダイナミズムによって発揮されるものである。

　さて，この定義と本研究で得られた教師の語りを合わせて考えると，2点指摘したいことが浮かぶ。1つ目はパフォーマンスについてである。この定義はパフォーマンスが子どもの成長を導き，関係者からの信頼に寄与すると非常に明確に述べている。そして筆者もこの考えに同意する。一方，今筆者が問題にしている，自己評価や他者評価を恐れている教師の体験に即してこの点について考えた場合，パフォーマンスとは本来「教師が行った教育的介入」であり，それによって子どもの成長が導かれるはずであるにもかかわらず，実際に関係者たちが評価するのは介入（およびその介入意図）ではなく，子どもが目に見えて成長しているかどうかであるように思う。あるいは，介入を行う教師自身も，自らの介入がどうであったか評価するよりも，子どもが目に見えて成長しているかどうかを気にしているように思う。もっと言うならば，教師が他者からの評価を気にしてしまう状態に陥っている時，その成長とは「子どもが落ち着いた」とか，「集団行動ができている」とか，「他の先生の手を借りなくてもクラスをまとめられる」といった表面的な部分を意味するに留まってしまっている。つまり，教師のパフォーマンスが介入結果と混同されている上に，介入結果の表面的な評価が注目されすぎる状態に陥っているのである。

　もう1つは「ケースに最適解を与える判断」には「専門知識」と「自己教育的知識」が必要であるというのは非常に的を得た指摘であると思われるけれども，本研究に即して言えば，本書が問題にしている難しい子どもたちに

ついて——例えば投影性同一化力動など——，少なくとも特別支援学校の教師たちが知っていることは少なかっただろうとも思う。そのため，教師の内面では判断プロセスが動いていたとしても，これまでの教育経験や学んできた知識では対応できない部分も多かったのではないだろうか。

しかし，教育現場は待ったなしである。教師たちは知らなくても，とにかくやるしかない。試行錯誤するしかない。自分の「アート」「センス」[1] 部分で対応するしかない。このように知識や技術で防衛できないために，さまざまな教師の生身の部分がパフォーマンスに反映されやすくなる。このことが，難しい子どもたちとかかわった時に，見透かされる，裸にされるといった感覚を覚えやすくなることと関連あるのではないかと考えている。

しかし筆者は，裸の感覚は——大変ではあるけれども——悪くないとも思っている。第1章で投影性同一化理論の検討を行っている際に，オグデンが情緒的連結過程（emotional linkage）について述べていることに触れたのを覚えていらっしゃるだろうか。彼によれば，投影性同一化は二者の無意識の直接交流であり，被投影者が伝達されたものを持ち堪えてることができるなら，それは相互交流するペアが引き起こす両者の間主観的なありようの変化をもたらす（1989）とのことである。つまり，投影性同一化の中にいるということは，教師自身も変容するということなのである。人は変化する時に生身の自分に直面する。それを認めた時に人は変化できる。オグデンの言う間主観的なありようの変化を2人で踊るダンスにたとえれば，2人の呼吸，動きを調整する中で，両者ともに自分の特徴に気づかざるを得ず，それが修正されるわけだ。この時，「私はこのままでいいのだ，お前が変われ」の態度では，きっとそのダンスは良くならない。

---

[1]「アート」や「センス」とここで言っているのは，相手や環境の状態を素早く察知し，それに適応し，パフォーマンスする力，おそらく「最適解を与える判断」を瞬時に行い，瞬時に行動に移す個人の能力を指している。「アート」は日本語で言えば，技であり，その意味で専門家としての経験によって培われた「技」の部分にあたる。一方「センス」は感覚であり，アートよりももっと私的な部分を含んだ直観力のようなものを指している。

ここまでで——恐らく，第1章からの全ての流れを含めて——なぜ教師同士の関係に安心感を持てないのか，という冒頭の問いについて答えが出てきているだろうか。その1つの答えは，自分の内側にある怯え，怒り，あるいは何らかの直面したくない自分自身に気づくことを許せないからと言えるだろう。あるいは，他の先生より良いパフォーマンスをしたいといった競争意識や，尊敬されたいという自己愛を自らが持つことを許せないということもあるかもしれない。本書に描かれているような子どもたちに本気で向き合うと，必ず自分の内側にある何らかの痛みや弱さに直面する。隠したい自分があらわになる。投影性同一化の情緒的連結過程に組み込まれているためである［2］。筆者が言いたいのは，そのような触れたくない自分に触れなくてはならない痛みを感じることは，当然のことだし，皆が体験することなのだということである。

　そのことを補強するために，吉岡（2010）の述べた，特別支援学校教師に見るメサイア・コンプレックス（救世主願望）についてもここで触れておきたい。メサイア・コンプレックスとは，自分は価値のない人間なのではないかという抑圧された劣等感が原動力になって，人を助けたり救ったりという行動が起きる事態のことである。つまり自分（あるいは過去の自分）が生きにくさを抱えており，本当は自分自身（あるいは子ども時代の自分）が救われたいのだが，他者を救うことによって満足しようとするのである。この論文はインターネットでも読めるので，関心のある人はぜひ読んでみてほしい。本書では，メサイア・コンプレックスは吉岡が描いているように特別支援の教員にとって身近なものであるのに加えて，何らか対人支援にかかわる者に共通の心性であると指摘する。そしてそれは，共通心性であるにもかかわらず自分がそれを持っていることを非常に認めにくい（他者から隠したい）も

---

［2］一部の，特に分析系の心理士や心理療法家にとって，この記述は違和感があるかもしれない。しかし，分析系の心理療法家にとって馴染みのある逆転移，特に主観的逆転移と向き合うことは，教師をはじめとするほとんどの対人援助職者にとって容易なことではないことに対して十分共感することが重要であると筆者は感じている。

のであることについても触れておきたい。他者のためにと言いながら自分を救おうとしているということに気づくことは，時に強い恥の感覚をもたらすのである。本研究の協力者たちも，投影性同一化過程の中で四苦八苦しながら，プライベートの自分の弱さに苛まれることになったり，あるいは，自分が子ども時代に経験した教師たちに対する恨みを意識するようになったりしていた。自分は，自分の弱さを隠すために，子どもたちに一生懸命になっているのではないかと考えて，落ち込んでいる誠実な先生もいた。けれど，その先生は，自分が自分の人生に何を求めているか考え直すきっかけを得てもいた。まさに，子どもとともに変わろうとするプロセスの中に身を置いた経験を得ていたのである。

　このようなことを私がここに書き綴ったのは，先生方が，子どもたちとの大変な経験の中にある成長の機会を掴んでほしいと思っているからである。その方が，その後子どもたちとのかかわりの中に喜びを見出せるのも見てきたからである。

　繰り返しになるが，私たちは皆不完全な人間であり，不完全ながら精一杯のことを成そうとしているのだということを共有しておきたい。本書において筆者は頼る勇気を鼓舞したかったということにもなろうか。自分の不完全さにおおらかになれない者は，決して他者の助けを得ることはできない。自分の不完全さにおおらかになれない者は，周囲の人間たちとの戦いと錯覚される自分の中にある恥の感覚との戦いに苛まれる。それは自分の影を相手にして戦い続けるような虚しいエネルギー消費である。

　インタビューでこんなことを話してくれた先生がいた。「みんな自分のやり方でやるしかない。それは千差万別あっていいと思う。あえて言えば，自分がどういうスタイルであるかっていう，自分に対する客観的な目が必要ですよね。そうすると，そのスタイルじゃどうしても合わない子っているわけで。その時に，その子が悪い，わたしが悪いじゃなくて，そりゃ人間同士のことだからそういうこともあるぞ，と。でもまあ，担任になっちゃうとしょうがないよね，制度上（笑）。でも，自分が悪いわけじゃないんだけど限界がある

んだって気がつけば，だったら，その部分は，ちょっと誰々先生たのむよ，とかができるはずだよね（なるほど。その，自分の個性というか，どういう特徴がある教員かを客観的に見ていれば，チーム化ができるってことですね）」

　教師はロボットではないし，子どもたちもロボットに育てられたいとは思っていない。ましてや，本書に描かれているような愛着の発達に信をもつ子どもたちはなおさらである。そして私たちのやれることには限界がある。けれど，1人1人には限界があっても，多様な個人が存在する教師集団ならば，あらゆる事態に対応できるかもしれない。1人で全てをやってしまうスーパー先生幻想を捨てて，自分らしさを楽しむ教師がたくさんいられるようになれば，だいぶ学校も変わるのかもしれない。

4．安全と現実

　さて，上記に述べたような困難性がありながらも，話せそうな人に本音を話し始めたり，あるいは，心理士などの外部専門家が間に入ったりすることで教師は【安心なところからの教師の関係づくり】を始める。子どもとの間で安心感はすでに構築されているが，ここから教師関係の安心感を徐々に確かめていくのである。これは図4.1の展開過程において2つのプロセスが相互作用しているのが見て取れると思うが，その左側のプロセスである。もう一方で，現実に直面していくプロセスが右側に描かれている。

　このプロセスは筆者らが以前書いた論文（川村・髭・伊藤，2011）で示したプロセスを想起する。この論文は，集団精神療法というセッティングの中で患者／クライアントがどのように自分の安全感をこころの中に形成していくかというプロセスについて示したものであったが，その原理と近似のプロセスが得られたものと考えている。この内容について詳細にわたる理解を求めるつもりはないが，関心を持ってくれる読者のために，そこに示した図を載せておこう（図6.2，図6.3）。

　何が図6.1の展開過程と近似であるか，それは，単純に言えば，「（こころの）外の安全保障」から「現実の中で冒険」そして，冒険に耐えられると「内

	揺動的平衡論	安全空間創成・生成過程

1)

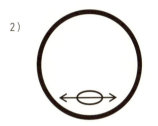
当該システムバウンダリー
自由エネルギー

古いノモスによる，エネルギーとシステムバウンダリーの均衡状態。

すでに存在している安全空間に受身的に依存している状態。

2)

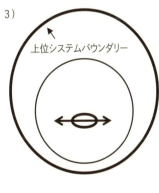

カオスによる自由エネルギーの解放。それによる崩壊の危機に対し古いノモス（個人であれば個人システムバウンダリー）は緊張しエネルギーの解放を留めようとする。

自由エネルギーの解放は快感原則の働きで起こり，それによって既存の安全空間を冒すために，現実的な壁と出会う。

3)

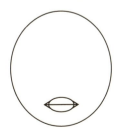
上位システムバウンダリー

より上位のシステムによる自由エネルギーのコンテインメントによって，崩壊の危機にあるシステム内安全空間が維持される。

外的安全空間によるコンテインメントによって，安全原則が維持され，快感原則と現実原則の融合が起こる。

システムバウンダリーの緊張は解消に向かい，自由エネルギーによるシステムの発展が受け入れられる。

外的安全空間の内在化。内的安全空間の創成。

図6.2　揺動的平衡論と安全空間創成・生成プロセスによる個人システム変化過程図

第6章　教師たちの葛藤と成長の軌跡　139

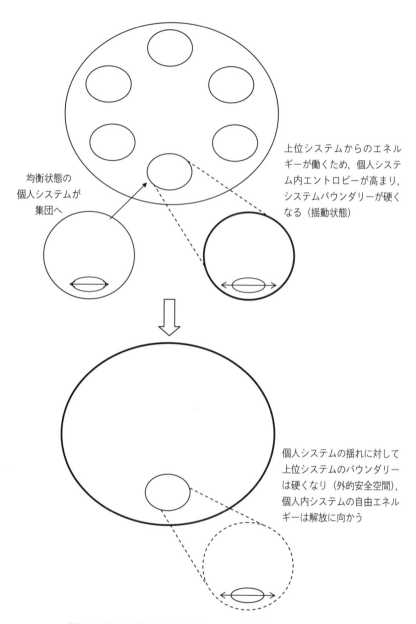

図 6.3 集団事態における集団システムと個人システムの関係

側の安全感が生成」される，というプロセスである。乳幼児の発達の在り方をもとにこのプロセスは描かれているが，恐らくこれは原理であり，新奇場面などの安全感が脅かされる場面においても私たち大人が常に体験している心理学的プロセスだと言える。

このプロセスについては乳児の発達の例えがわかりやすいだろうか。母親に守られて育った乳児は，這うようになると，歩くようになると，新しい体験に目を輝かせる。新聞紙の束に興味を持って引っ張ってみたり，ソファによじ登ったり，外に出れば草を引っこ抜いて口に近づけたりする。こうした時，新聞で手を切ったり，ソファから落ちたり，口の中に入った石に驚くことがあるかもしれない。そうして泣きながら母親に近寄り，母親に抱きしめられ，「大丈夫よ」と言われると，乳児はまた冒険を始める。このように乳児は，母親による安全保障のもと冒険を繰り返す。そうして，紙は切れる，登れば落ちる，石は固いという現実に対峙し，驚く。その時乳児は母親に安全保障「大丈夫よ」をもらって，冒険によって学んだ貴重な現実を自らの経験としていく。そして，現実の中に安全な領域はますます増えていくし，冒険して対峙する現実に対する恐れや怯えも解消していく。

本研究の結果に描かれているのも，このような安全保障と現実認識の相互作用プロセスである。他の教師からどのように思われているのか，あるいは自分がやっていることは他者から認められるのか，といった自信のなさゆえに，まずは自分にとって安心感のある先生とかかわりを深めてみる。そうすると，「こんな考えがあったのか」とか，「やっぱり自分は自分の考えを伝えるのが下手だなあ」とか，「もともと女性同士って苦手なのよね」とか，「いや，意外と私のこと心配してくれている人っているんじゃない」など，いろいろな現実に気づくのである。この安心すると現実に開かれ，現実に開かれるとまた安心感を確かめようとするのが，展開過程の右左のプロセスの間にある相互作用を示した矢印である。こうして，教師は教師関係の中でも安心していられるようになり，また，教育活動において直面する現実に対しても開かれていくようになる。

5. 難しさを感じる子どもを集団の中で育てるということ

　そうして初めて【子どもの安心な場の拡げ】が可能になる。この時点まで難しいと思われていた児童生徒は教師との愛着関係を頼りとして学校の中にいることができている。しかし，そこに依存させていては，子どもの活動は広がらないし，教師自身も自由になれない。それに学校という資源を使って子どもを育てようとするならば，仲間関係を構築することが必須である。

　ここで難しいのは，往々にして，難しいと思われていた児童生徒は，すでにずいぶん変化しているにもかかわらず，他の子どもたちからの印象や保護者たちからの印象，場合によっては他の教師からの印象は「難しい子」のままだということである。一度悪い印象がついてしまうと，印象はなかなか変わりにくいものだ。そのため，他の保護者にも説明をしたり，他の子どもたちにも大丈夫だと伝えたりといった，ひと手間が必要なこともある。これを1人の先生でやるのは難しい。発展させた教師関係を使って，皆で「この子はもう大丈夫なんだよ」という雰囲気を作る必要がある。教師たちが，この子は怖くないという風土を作ることが，他の子どもたちを安心させ，納得させる唯一無二の方法である。また，特別支援教育の場では，クラスひいては学年を越えて，集団を構成して授業を行うことも多々ある。そういった時に，それまで難しいと思われていた子どもを自然に集団に導入するためには，教師同士の十分な話し合いや同意の取り付けなどが必須である。このように，難しかった児童が，学校の一員として活動していくためには，教師同士の関係性を深めていくことが重要なのである。

6. ネガティブ・ケイパビリティ

　そうして，教師の内なる安全感の発達と現実吟味が繰り返され，〈大変な子だが，やれる〉〈迷いつつ，やれることを粛々と〉という感覚に至ると本結果は示しており，筆者はこれを【ネガティブ・ケイパビリティ】というカテゴリーにまとめた。ネガティブ・ケイパビリティはもともと詩人のキーツがシェイクスピアの能力について描写した言葉であり，それをビオン (Bion, 1970)

が精神分析の文脈で取り上げている。ビオンによればネガティブ・ケイパビリティとは、「不確かさ、不思議さ、疑いの中にあって、早く事実や理由をつかもうとせず、そこにい続けられる能力」とされる。ネガティブ・ケイパビリティが現代の対人支援の場で重要であることは、帚木氏（2017）が大変丁寧に描いているので、関心のある方は一読をお勧めする。

　筆者がこの概念に着目するにあたり、こんな発見のプロセスがあった。病理的対象関係の反復状態にあり、孤立状態にあるような教師たちは、筆者に相談する際、とにかく解決方法を求める。それも、具体的なハウトゥーを。先にも記述した即時的解決法の求めが先鋭化するのである。けれども、それに対してハウトゥーを伝えても絶対に解決しない。それがなぜかについてはここまでの議論で明らかだろう。子どもにかかわる心情や態度にかかわる修正がない限り、小手先のやり方を変えたところで通用しない。しかし、こういった教師たちと試行錯誤を続ける中で、あることに気がついた。子どもとの関係が進んでいくにつれ、先生たちはハウトゥーを求めなくなるのだ。あるいは、見通しが立つとか、わかるとか、そういうことを問題にしなくなるのである。

　さて、この見通しが立つとか、わかるというのが問題にならなくなるという変化を観察し、これはネガティブ・ケイパビリティに当てはまるのではないかと考え、改めてビオンの記述を読み返した時のことである。ビオンの精神分析界における鬼才としての評価を確固たるものにした代表作『セブンサーヴァンツ』(1978)の第四部（すなわち「注意と解釈（Attention and Interpretation）」）第13章においてクラインの「妄想－分裂ポジション」と区別するための用語としての、「忍耐（patience）」を説明する際に、ネガティブ・ケイパビリティに触れているのである。そしてこれらを読み進め、筆者が大変感銘を受けたのが、ネガティブ・ケイパビリティは「安心（security）」と「忍耐（patience）」の両翼に支えられるものであると説明されている点であった。ネガティブ・ケイパビリティの定義からすれば、忍耐が必要であることは自明であるが、安心も挙げられていることが興味深い。

そして，この記述は，本研究の結果と一致するものであった。「大変な子どもだけれどもやれる」と安心感あるいは希望を持ちながら，「粛々と」目の前のことに対して取り組み続ける態度が，教師関係の安心感が安定していくにつれて顕著になっていくのであった。

こうやって見ると，本研究の結果を貫く1つの流れに，「現実」と「安心」の行き来が一貫してあったことに気づく。まず，このプロセスは教師が伝聞による恐ろしい子どもという空想（つまり，非現実）に怯えるところから始まった。けれども，実際の子どもという現実に徐々に出会っていき，子ども自身に対して安心感を培っていく。しかし，この段階では自分の取り組みを周囲から評価してもらえるのか，他の教師が協力してくれるのか，など，同僚である教師たちに安心感を持てていない（この安心感を持てない感覚もまた，ある種の幻想，空想である）。そこで，教師関係に安心感を徐々に広げていくにつれ，自分自身，教師関係，あるいは学校文化という現実の壁に気づいていく。つまり，安心感の拡がりとともに教師自身が徐々に現実的な存在になっていくプロセスが見出せるのである。

まとめ

精神分析の祖フロイト，S. が著書『ヒステリー研究』（1895）で，患者の苦痛を「ありきたりの不幸に変える」と言っている。すなわち，神経症的苦痛（本書で言えば，空想，幻想におびえること）に逃げ込むことにエネルギーを消費している状態を放棄し，「ありきたりな（特別でない）」自分の人生と，意外と耐えられないこともない現実の不幸——苦労と言い換えても良いだろうか——を受け入れることである。

この現実的な苦痛，あるいは苦労に耐えることについて，1人の先生を紹介して本章をまとめたいと思う。

ある年度末，瀬戸先生が私のもとにやってきた。瀬戸先生は第1章にも少し登場したが，ハルト君とナオミさんを育てた立役者の1人であったし，自

己内省力の豊かな先生でもあった。子どもとかかわりながら自分の個人的なアイデンティティの在り方についても考えを巡らせるような精神的に成熟した先生で，筆者もずいぶん感銘を受けたものである。瀬戸先生は教職員たちからの信頼も厚く，中学部の主事として1年間を過ごしていた。難しい子どものいるクラスに臨機応変に入っては，ハルト君とナオミさんらを育てた経験を踏まえて，いろいろアドバイスをしたり，実際に子どもたちにかかわってみせたりしていた。瀬戸先生は自分の経験から自分の理論を作って，実践しているように見えたし，実際頼もしかった。

「一年間，お疲れ様でしたね」と伝えると，「私，今年一年間担外だったけど，本当にまた担任をやりたいんですよ。来年度もまた担外だから，今度こそ担任になれるように画策しますよ。またナオミさんみたいな子，疲れるかもしれないけれど，会いたいですね」と笑った。ハルト君とナオミさんのもと日々四苦八苦して，泣いて怒って，あんなに悩み続けていたにもかかわらず，やっぱり担任をやりたいのかと改めて思った。教師という人たちは，どんなに苦労をしても，子どもたちが育った姿を見せてくれさえすれば，それで大変な充実感を得られる人たちなのだな，とつくづく思った。

神経症的な，あるいは非現実的な空想や幻想の苦しみの中にいる人たちは，決してこのようにまた苦労したいなどと言わない。苦労を買って充実感を求めようとする態度は，安心と現実感に支えられた自信を示していると感じる。彼らは現実の苦痛の中にある自己実現の世界をよく知っているのだろう。

さて，第3章に示した，教師たちの「生きた世界」を描きたいという思いは果たせたように感じているのだが，読者の皆さんには伝わっただろうか。次章では第2章において据え置きにしていた疑問にようやく取り組む。第1章，第2章で描かれた澤先生たちについて具体的に検討しなおしてみたいと思う。その際にも，こちらのプロセス図を頭に置きながら読み進めてもらえると幸いである。

[コラム]
心的等価モード

　さて第3章,第6章ともに,病理的対象関係の反復に陥っている教師が,孤立し,被害妄想的になり,ますます孤立を深め,自信も喪失していくプロセスが描かれた。そしてこの孤立は仲間外れやいじめのような,実際の対人関係の中で実際に起きていることによってもたらされる場合だけではなく,ある種の「こころ持ち」によってもたらされるものとして描かれた。
　第3章にも「幽霊の正体見たり,枯れ尾花」と表現したが,幽霊が出るかも,出るかも,と恐れていると,主観的な体験として幽霊を見るし,だれも味方じゃない,独りぼっちだと思っていると,周りの人たちは自分の味方ではないように感じられるのである。この場合だと幽霊を心的現実(私たちが主観的に認識する世界),枯れ尾花を外的現実(客観的な世界)という。
　私たちはこころの調子がまあまあ良い時には,心的現実を俯瞰することができる。例えば,実は課題をやっていない状態で授業時間をむかえたところ,先生の顔がいつもよりぶぜんとしているように思える。こんな時,課題をやっていないという罪悪感が強すぎてこころの状態が良くなければ,「先生は僕が課題をやっていなかったのを知っていて怒っているんだ」と怯えてしまう。課題をやっていないことに対して罪悪感を抱えていなければ(それも憂慮すべき心情であるが……),先生のぶぜんとした態度の背景には先生自身のこころがあるという前提のもと,「先生,家庭がうまくいってないのかな」「昨日も飲みすぎたのかな」「そういえば,最近忙しい忙しいって言ってるな」と,さまざまな客観的理由を想像することができるだろうし,こういった時には

こころがますますやられてしまうようなこともない。

　この心的現実と外的現実が混ざってしまうか，混ざらないでいられるかは，こころ（自我）の成熟度や調子の善し悪しによって左右されると考えられているが，このように心的現実と外的現実が混ざって一緒になってしまう状態を，メンタライゼーション理論では「心的等価モード」と呼んでいる。この，「モード」という用語が大事である。端的に言えば，もっとレベルの高い現実把握能力を身につけている人でさえも，状況やこころの状態によって，「心的等価モード」に陥ってしまうということを表しているのである。メンタライゼーション理論は，第6章でも紹介したベイトマンとフォナギーが中心となり発展させている心理療法の理論であるが，学校や組織においても役に立つ理論だと思われるので，関心のある方には，崔炯仁先生の『メンタライゼーションでガイドする外傷的育ちの克服』（2016）をお勧めしたい。心理学の難しい知識がなくとも読みやすい構成になっているのではないかと思う。

　さて，こころの調子が悪くなると，心的等価モードに陥ってしまうことがあるのだが，先生方は，あるいは支援の場にいる人たちは，目の前の生徒や被支援者ばかり見て，自分のこころの調子を省みていないことがあるのではないだろうか？　筆者は精神分析理論を用いて知的障害特別支援学校に対する介入をしているが，よく「いつも子どもの理解の方法ばかり気にしていたけれど，自分の内側を見るというやり方はとても新鮮だった。精神分析の考え方（逆転移／投影性同一化）は面白い」と感想をいただく。もっと言えば，目の前の人たちが元気になることばかり考え，自分のこころが痛んでいることを無視する人たちがあまりに多いことに驚く。しかし，ここまで述べられてきたことからもおわかりいただけるように，教師や支援の現場にいる方が整っていないこころで教育や援助にあたることは，あまりよろしくない。車検を受けていないトラックで，寝不足のまま，深夜東京から九州まで高速道路に乗るような無謀さがある。自分というツールの点検なしに，良い教育や支援はあり得ない。

　自分の力を最大限生かすためにも，まず，自分をいたわることから始めて

ほしいと，こころから思っている。本書がそのお役に立てれば，これほど嬉しいことはない。

第7章

改めてナオミさんの変化は何だったのか

長年にわたる「ツカエ」

　ここまできて，ようやく第2章に記した疑問に取り掛かることができる。ナオミさんの事例に見られた疑問である。第1章，第2章では，筆者を研究に駆り立てた事例としてハルト君の事例とナオミさんの事例を紹介したのだが，その後いくつかの研究を続け，数年にわたる「わからない－わかりたい」のモヤモヤ感を筆者にもたらしたのは，実はこのナオミさんの事例であった。

　今一度，第2章の項「相違点に見える検討ポイント：残った謎」について思い出していただきたい。ナオミさんの変化というのは，激的なものだった。あちこちで要注意人物だった彼女が，愛される子どもになり，人を大事に思える女性に変化していったのである。そして間違いなく，その変化の展開点は教師たちの話し合いの場にあった。

　けれども実際にその場で起きたことは，特に今後の指導方針について合意が得られたりするといった，いわゆる問題解決はなされず，むしろ皆，抑圧していた不快と，言葉にならないモヤモヤとした何かを感じながら解散したのだった。筆者は自分自身も不快な感じに苛まれ，介入が失敗したようにすら感じていた。図7.1に再掲したEMADISで言えば，解毒と再取り入れプロセスを，事例の中に積極的に認めることができなかったのである。にもかか

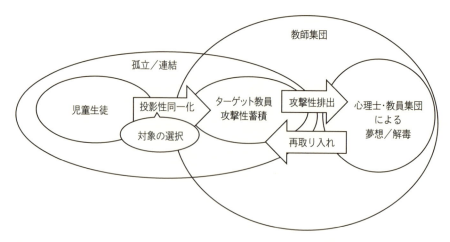

図7.1 「児童生徒とターゲット教員ペア」と「教師集団」の入れ子の関係(EMADIS)(再掲)

わらず、この介入の直後、教員集団が担当している問題生徒の様子が間接的に大きく変化し、この変化をきっかけにナオミさんに対して教員たちが問題解決的に取り組めるようになったことは先述のとおりである。

私はこの事例において、私に何ができて、何ができなかったのか、あるいはその場のどのような見えない力が私たちの心理に寄与したのかハッキリさせることにこだわった。変化が起きたのであれば、その変化が何によってもたらされたのか知りたいと思うのが、援助にかかわる研究をしている者の心情であろう。

こうして筆者は、第1章、第2章の研究から筆者も学びを進め、第3章、第6章に示された研究を進め、あれこれ考え続けた。講演依頼を受けては、研究にかかわるフィードバックを現場の先生方に求めた。そうしてやっと、この事例についての研究をまとめる準備ができたような気がした。

まずこの事例について検討するにあたり、単純には、何が起きてナオミさんが間接的に変わったのかを知りたいわけであるが、もう少し研究らしい問いを立ててみた。それは、「α機能の因子とされていた夢想の能力はα機能とい

う用語にとって代わられた（祖父江，2010, pp.99-100）のであるが，EMADISにおいて夢想（第2章参照）という概念を置くことに，教員たちの強すぎる問題解決志向への注意喚起以上の意味が果たしてあるのだろうか。α化（β要素がα機能によってα要素に変換されること）のプロセス理論に立脚したEMADISにおいて，なお夢想を強調すべき理由が他にあるのだろうか」というものであった。噛み砕いて言えば，歴史的には「夢想」という概念は，α化をもたらすα機能の一部として取り扱われるようになっているのに，わざわざ「夢想」について再度着目する必要がどこにあるのか？　それは果たして何か新しいことを言うことになるのか？　という問いを立てたのである。

このような問いを立て，ナオミさんと，澤先生，本田先生，大久保先生の事例を少し丁寧に示して，詳細な検討を行うことにした。読者の方々も彼らの心情に思いを馳せ，そこに起きていることを一緒に感じ，考えてもらえれば幸いである。

〈事例4〉

事例概要や相談経緯は第1章を参照してほしい。また，以下に示す事例の内容も，一部第1章と重複するが，たびたび遡らずに読めるようこちらに改めてまとめている。また，事例の内容については流れを損なわない程度に情報保護の観点から一部変更している。

ナオミさんの概要　中1（13歳）。小6から特別支援学校に転入した。実母によるナオミさんの兄への身体的虐待のため，ナオミさんは，生まれたばかりの頃に保護され，その後施設で生活していた。ナオミさんは反応性愛着障害，反抗挑戦性障害，軽度知的障害の診断を受けていた。

ナオミさんは，痩せた身体と精神病圏のような独特の表情のなさや抑揚のない喋り方が特徴的だった。学校でも施設でも教員・職員・周囲の子どもたちに対して，突発的で強烈な暴力行動を示した。また他害のみならず，骨が見えるほど脛をえぐるなどの自傷行為もあった。

澤先生とナオミさんの関係　同学年の他教員たちによると，「本田先生と大久保先生は，ナオミさんが澤先生には暴力的だが自分たちに対してはそんなことはないので，澤先生の対応が悪いと思っている」「澤先生は本田先生と大久保先生と話をすることを諦めている（腹が立つが，かかわりたくない）」「他の女性の心理士に『あなたがおっかさんになって踏ん張るしかない』と澤先生は言われた」「隣のクラスの女性の先生は，澤先生の指導の問題はなく，ナオミさんは女性に対して暴力的になるのではないかと感じている」とのことだった。

　ナオミさんは澤先生に甘えたり要求したりするが，それに一度応じれば要求がエスカレートすることが多々あった。例えば，生理の血を見せろ，鞄の中身を見せろなど澤先生に言い募るなどである。そして要求を拒否すれば，暴言暴力と逃走が起きた。一方，澤先生が元気なさそうにしていると，ナオミさんがこっそり「どうしたの？」と聞いてくることもあった。このとき澤先生は，この子には私が傍にいなくては，という気持ちが強くなった。

澤先生の説明による教員たちの関係　4月は澤先生，大久保先生と他の男性教員の3人でスタートしたが，4月中旬にはナオミさんとの関係から男性教員が病休に至り，5月から本田先生が入ることになった。ある日，大久保先生が初めて保護者の不安に対する電話応対をした後，澤先生は「どうでしたか？」と聞いた。それに対して大久保先生は「掴みはOKっすよ」とおどけて答えた。それに対して，澤先生が「保護者の気持ちを考えたら，その言い方はどうかと思う」と注意した。これ以来，大久保先生による澤先生への反発が始まった。大久保先生は，澤先生が仕事を頼むと舌打ちするようになった。2人は朝の会でも話し合いを持つことができなくなった。

　一方，大久保先生と本田先生は良好な関係に見えた。澤先生はナオミさんへの対応で授業運営を頼んだり，ナオミさんを制することのできない様子を見せるたび，大久保先生，本田先生から批難され，自分には本当に指導力がないように感じるようになった。澤先生は，夏休みに愛着障害の講習会に参加するなどしながら，独自に勉強し，ナオミさんの愛着形成を助けなければ

ならないと感じるようになるが，ますます教員の間でどう動いてよいかわからなくなっていき，年度が早く終わればと思うようになっていった。

　介入当時の査定　澤先生がスケープゴート（scapegoat；Bennis, 1961）にされている，つまり，集団内にある欲求不満や不安，怒りを澤先生に押し付け，澤先生を集団から追い出すことで，集団を守ろうとする動きである防衛的集団状況としてのスケープゴートが起きていると考えた。あるいは，ナオミさんの育ちの実際について知る情報はほとんどないが，彼女が体験してきた家族関係が教員たちの集団に再演されていると理解した。いずれにせよ，教員集団がこのように不健全な状態では，学級全体に対して悪影響だと考え，ナオミさんを介入対象とするのではなく，教員集団に介入しようと考えた。この際，個々の攻撃性を刺激することで，教員たちの抱えているものを排出させることと，教員たち個々の分化を促進し集団力動下において退行している自我機能を支えること（Blanck & Blanck, 1994）を意図して介入した。

　介入状況事例資料　1回目は心理士の提案を受けた学内コーディネーターが，「ナオミさんを巡る学級運営について心理士の先生を交えて話し合う」と呼びかけて場が設定された。2回目は「前回の話し合いの続きをする」という呼びかけを行った。参加者はいずれも澤先生，大久保先生，本田先生，心理士，学内コーディネーター（記録）で，学内の会議室で行われた。

1回目（放課後30分）

①大久保先生と本田先生が隣に座り，1つ椅子を開けて澤先生が座った。
②心理士が「今日はお忙しいのにお集まりいただいて」と声をかけるが，大久保先生と本田先生はこちらを見なかった。「ナオミさんの指導で先生方がご苦労なさっていると思いますが」と伝えると，本田先生は首をかしげるが，特に何も言わなかった。心理士が声をかけると，本田先生は「いや，別に」，大久保先生は「特に苦労していない」と言った。
③心理士から，「先日はクラスを観察できませんでしたが，学級でのナオミさんへの対応が問題になっていると聞いています。いろいろ話を聞いた私も

問題を感じているので，今日はお集まりいただきました」と，引っ込みたくなる気持ちを意識しつつ心理士は話した。

④心理士から「でも，大久保先生は特に苦労していないんですね」と聞くと，大久保先生は「本田先生がうまくやってくれているので，ナオミさんは僕らの前で問題を起こしません。澤先生が困っているんじゃないですか」と返事した。澤先生は「ええ，困ってます！」と怒ったように言った。

⑤本田先生は「今回こうやってお声がけくださったのはありがたいですが，教育に心理は必要ないと思っています」と返答した。澤先生はキッとなって「そういう言い方は失礼なんじゃないですか」と言うが，無視された。

⑥心理士から「他の先生からナオミさんは女性に対して暴力的になるのではという話もありました。これは心理学の話ですが」と伝えると「教育者に男も女もないでしょう」と本田先生は言いつつ，「本当にそんなことがあるのか」と少し関心を向けた。心理士は「本田先生はないんですか？」と尋ねるが，「わからない，ないと思うけど」と本田先生は返答した。澤先生，本田先生，心理士で，男女差ということで意見交換がされた。

⑦心理士から「心理学ということで言えば，先生方がこうやって仲が悪いことがナオミさんやほかの生徒たちにとって悪影響ですよ」と切り出すと，大久保先生は「仲が悪いつもりはない」と言うが，澤先生が「こんなに話のできない担任団は初めてです」と答えた。

⑧心理士から「とにかくお互いに話ができないようで。不満がいろいろおありなんでしょう。不満も含め話す時間をとりましょう。もっと話ができるようになるために」と伝えると，澤先生は「もう，いいです，できるようになると思いません」とみんなの前で言い，大久保先生は「必要を感じない」と言った。本田先生は返事をしなかった。

⑨時間になり解散。帰宅中，帰宅後も心理士は非常に重苦しい気持になった。

2回目（放課後1時間半）

⑩1回目の最後にも伝えた目的「もっとお互い話ができるようになるために，心理士が安全確保するので，不満も含め思っていることを言い合う」。これを初めに伝えた。

⑪澤先生が「もういいよ，無理だよ」と言った。心理士は「澤先生までそう言うか⁉」と笑いそうになった。心理士はゆったりと話が聞けそうな自分を感じた。

⑫心理士は「話し合いは必要ない」というテーマから思うことを3人に問うところから始めた。それぞれの声を聞けるように話を振っていった。

⑬大久保先生は本田先生が同じ年なのに上手に学級運営をしてくれているから安心していると話し，本田先生はナオミさんがどうなればいいと心理士が思い描いているのかわからない，今のままで何か問題が？　と冷静に語った。さらに，とにかく彼女が落ち着いていないと他の子やクラスに迷惑なので，押し込めておくのが良いのだとも言った。澤先生は「考え方が違うって感じ」と心理士が振ってもほとんど語らなかったが，明らかに怒った様子であった。

⑭こういったやり取りから，大久保先生と澤先生の間が緊迫し始めた。澤先生が話すと大久保先生は舌打ちしたり，大久保先生が話すと澤先生は鼻を鳴らしたりすることも起きた。

⑮すると，大久保先生が突然怒鳴りだした。「そもそもねえ！　澤先生，学年主任でしょう！　何やってるんですか！　全然リーダーらしくないじゃないですか！　リーダーがいないとねえ，若い者が何やっていいのかわからないのに，何かやらなきゃいけないんですよ！」

⑯この言葉は若干文脈を無視したような響きもあり，心理士もおや？　と感じるものであった。しかし，何か彼が溜め込んでいるものが出た感じがして，心理士は希望を感じた。

⑰すぐさま澤先生が，「先輩に対してその態度は何だ。何様のつもりだ！」と大きな声で怒鳴り返した。心理士にはこれもまた良い感じがした。

⑱そこからいくらか感情的な怒鳴り合いが起きた。本田先生は面食らっているようだったが，急に元気がなくなるように見えた。
⑲心理士は時々お互いの主張をまとめて返しつつ，怒鳴り合いを続けさせた。
⑳しばらくして収まってきた時に，本田先生に今何を感じているか聞くと，珍しく本田先生は口ごもるようなしゃべり方をしつつ，「特に何もない」と返答した。
㉑こういった流れで話されたのは，澤先生の年下の者が馬鹿にしたような態度をとることへの腹立ち，大久保先生の年長者への大事にされたいけれど，どうせ大事にされないだろうという不信感であったが，本田先生はあまり言葉にせず，しかし，いつもの堅く無感情な表情の裏にある，戸惑いや自信のなさが透けて見えるような感じがした。
㉒終了時刻の10分前頃になり，特にまとまった方針が立ったわけではないけれど，こうやって話せたことは意味があったと思う，と心理士が伝えると，大久保先生は「どこに意味があったかわかりません」と言った。解散後に澤先生は「ね，やっぱりあいつら，私のこと馬鹿にしているでしょう？やっぱり私1人で頑張る」と伝えに来た。心理士はこの日も疲労感と無力感を抱えつつ帰った。

その後 翌週，出勤して話を聞くと，ナオミさんが大久保先生と本田先生に対して暴力を振るうようになったとのことだった。また，それまで給食の時，澤先生に対して「横に座れ」「前に座れ」「そこに座るな」と命令していたナオミさんが，大久保先生や本田先生に対しても同じように場所を指定するようになったと言う。これを受けて本田先生は直感的に，前回の話し合いの影響がナオミさんに現れたのではないかと感じ，澤先生との話し合いを始めるようになった。それに従って大久保先生も話し合いに参加するようになり，もちろんお互いにわだかまった気持ちを抱えていたものの，それでも教師として話し合いを重ねながらナオミさんの指導に当たるようになったという。
　2週後，澤先生は，「私ここまでやれたんだから，ナオミの母ちゃんできま

す」と宣言し，ナオミさんへの体を張った指導を継続した。その指導は筆舌に尽くしがたいほどの体当たりの指導であった。澤先生は，毎回ナオミさんの指導とその結果について心理士に熱心に報告し，ナオミさんの指導を，クラスを越えて学年全体を巻き込んだ思春期女子たちの仲間集団作りにまで発展させていった。この頃，ナオミさんは澤先生に絵本を日向で読んでもらっていると，よだれを垂らして眠ってしまうことがあった。澤先生は，「自分の子どもにおっぱいあげてた時の感じよ」と，ナオミさんを愛しげに見つめていた。

　中3になる前にはナオミさんは世話焼きな生徒へと成長し，ほぼ暴力行為はなくなった。にもかかわらず，「私は好きな人といる時や楽しい時に，暴力したくなっちゃうの，治したいんだけど」と自分の言葉で自分を振り返って，教員たちを驚かせた。

事例の分析

1. ナオミさんの分析

　筆者は学会や研究会など，いくつかの機会を得て本事例の検討を行ってきたのだが，どこに行ってもナオミさんの心理学的問題には関心が集まった。ナオミさんの生い立ちや激しい問題行動はどこに行っても心理士たちの目を引いた。そうして筆者はナオミさんの心理学的世界についてさまざまな見方や理解を聞くことができた。以下にナオミさんを知っている者として妥当であると思われ，かつ，客観的根拠に基づいているだろうと思われる彼女の心理学的世界の分析を最小限に示そうと思う。少し難しい専門的な内容が入ってくるかもしれないが，ご容赦いただきたい。

　EMADISに沿って本研究全体を進めていることを考えると，注目しなくてはならないのは，彼女の投影性同一化機制によって投げ込まれる β 要素の質であろう。「生理の血を見せろ」あるいは「鞄の中身を見せろ」というのは，そう言われる者を大変に脅かす質の要求であった。またその要求の内容は，

彼女の腟を骨が見えるほどえぐるという自傷行為と併せて考えれば，精神病的な問題の疑われるような内容である。よって，このように非常に他者を脅かす性質を持った投影性同一化機制を使って，特に澤先生にかかわっていたことをまずは指摘しておきたい。

　また特に，初潮を迎えてからさほど日が経っていなかったこの頃にこのような発言が見られたのは，第二次性徴にまつわる不安の高まりとそのコンテイナーを求めてのことと思われる。施設の中で，一般の子どもたちが経験するような，初潮にかかわる戸惑いや不安を母親が抱えてくれる体験もなく，さらに，知的障害を有しているだけにその身体変化についてはかなりの戸惑いと不安をもって受け止めなければならなかったはずである。乳幼児期からの養育環境の問題だけではなく，こういった思春期特有の不安の重みについても考えると，ナオミさんが女性だけに対して暴力的であったというのは女性としての不安を女性に処理してもらいたかった側面もあるのではないかと考える。

　また，彼女はとめどなく「見せろ」という要求を突き付けてきた。いくら見せても，さらに見せないと許さないという風に感じられる要求であった。それは，裸になれ，骨の髄まで見せろ（現に彼女は自分の皮膚を剥いで骨を見ようとするのだが），という，決して秘密を許さない態度は，秘密にされることへのトラウマや，乳児が味わうような母子一体感への激烈な求め（共生関係の求め）が傷つけられてきたことを示唆していると考えられる（Caruth, 1985）。この共生関係の求めは，教員集団が落ち着いた後にナオミさんと澤先生の間で起きた「日向での授乳」からも推測される。まさに母子一体のような温かさの中で，微睡む乳児に返ってしまう彼女が，その頃たびたび観察されたのだ。

　一方で，強く共生関係を求められるということは，それだけ高い侵襲性をもって迫ってくるということでもある。私たちはこのような強い求めをもって迫られると，一般的に非常に強い不安や恐怖を感じるものだが，彼女とかかわってきた教師たちや支援者たちがかなり強い不安や恐怖を感じてかかわっ

てきたのだろうと想像すると，その努力に敬意を払わずにはいられない。

2. 介入とその結果の分析

　介入前，介入中，介入後のプロセスをまとめると，図7.2のように表現できるだろう。以下に，図7.2に沿った介入とその結果の分析を示した。

　図7.2-1はナオミの投影性同一化による影響（β）を示している。加えて，ナオミの評判や前担任が休職に至っている経緯からも，教員たちは当初から強い不安を抱えていたと推測されるため，その不安も記した。それまでに聞いていたナオミさんの評判や，前担任が休職になっている経緯からも，教員たちは当然のことながら強い不安を抱えてナオミさんとの出会いを経験しただろう。特別支援の現場にいてよくわかったのだが，子どもの事前情報に警戒心を強めすぎて，目の前に現れた子どもとのかかわりが受け身になる教師は意外なほど多い。それは，第3章に示された受け身や第6章に示された逃げ腰になってしまう力動とも関連があるだろう。

　そして，図7.2-2はその結果起きたスケープゴート状態について描いている。EMADISに従えば，これはナオミから排出されたβ要素を抱えられなかった本田先生と大久保先生が，それを澤先生――ナオミペアとともにグループから放出したために起きたと説明できる。加えて，本事例では澤先生と他教員の情報共有不足がスケープゴート状態を招いた部分もあると考える。問題状況に真正面から向かっていこうとする澤先生の動きは，ナオミの投影性同一化を促進した。澤先生の対応が不適切であったというより，ナオミが澤先生をコンテイナーとなってくれる人だと確信したからこそ，情動の嵐を吹き荒れさせたのだろう（Blanck & Blanck, 1994）。しかし，澤先生がそれを直観と独断――第6章で言うところのアートやセンスであろうか――で行うことは，教員歴の浅い大久保先生と本田先生からすれば脅威であり，不安をかえって煽ることとなっただろう。あるいは，澤先生も「ナオミさんとしっかりかかわらなければ，彼女の問題はずっと解決しない。一時的に荒れたとしてもこれは，いつかおさまるから」と説明してわかってもらうことを諦めて

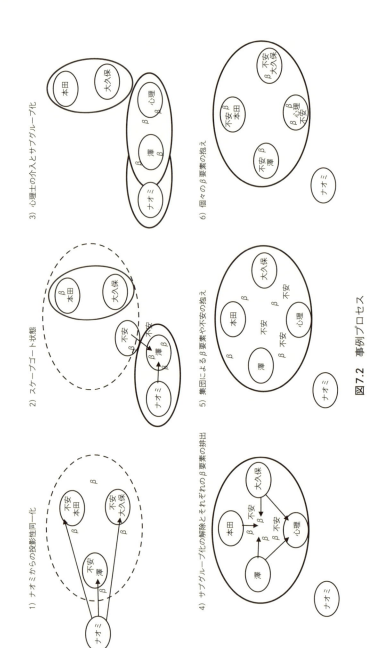

図7.2 事例プロセス

いた。そのため大久保先生と本田先生は,「澤先生の指導がおかしいからナオミが荒れるのだ」と外在化し,スケープゴート力動を扇動したものと説明できるだろう（図7.2-2）。これによって澤先生はパフォーマンスが低下し,大久保先生と本田先生は自分の中の負の感情を防衛することができたものと分析する。

この防衛的な集団の付置において大久保先生,本田先生の恐怖感情は十分防衛されていたのだが,心理士が介入に入った。大久保先生と本田先生は安定した防衛的集団構造に介入しようとする心理士に対し,無意識的に危険と感じ,観察拒否などの否定的態度をとった。心理士はこの態度に対して怒りを感じ,「澤先生と心理士」対「大久保先生と本田先生」というサブグループ構造が形成された（図7.2-3）。しかし,集団力動に早くも巻き込まれていることを感じた心理士は,集団力動の正常化こそが必要な介入であると感じた。

1回目の集まりでは,集団で話をすることの意義や集団が正常化する必要性を心理士から伝えた。⑧の澤先生や大久保先生の発言からは,その発言は受け入れられていないかのように見えるが,⑧の澤先生からの心理士への反論,2回目の会に全員集まったこと,さらに事例⑪で澤先生がまず心理士に反論する様子が見られ,筆者もゆったりとした気持ちでいられたことから,図7.2-3から7.2-4への移行のような,サブグループ化の解除と,3人の教員と1人の心理士の集団バウンダリーの強化が起きたものと考える。

そして心理士が,「怒り」をテーマにそれぞれの不満を徐々に掘り起こしていったことで,大久保先生と澤先生の攻撃性の暴発が起きた。この点はEMADISに示されているプロセスと相違ない。しかし,その暴発の示された⑮では興味深い現象が起きている。大久保先生からの,澤先生が「リーダーらしくない」ことへの怒りである。2人が口を利かなくなった経緯にも,甘えたい大久保先生と甘えを受け取らない澤先生の関係の破綻があった。つまり,非常に不安な日々を過ごしていた大久保先生が保護者と良い時間を持てたことの安堵を,甘えと親しみを混在させて「つかみはOK」と表現したのではないかと推測されるが,澤先生は社会人としての態度に着目し,大久保

先生の不安や甘えを無視した。このことに大久保先生は傷つき，あるいは恥をかかされた気分になり，気持ちを受け取らないリーダーとしてスケープゴートを扇動した側面もあったのではないだろうか。それに呼応する事例⑰の澤先生の「先輩に対して！」という発言には，大久保先生の甘えを許さない澤先生の態度が再度表れている。教員は教員になったときから一人前とみなされるという文化があるらしい（紅林，2007）。そして澤先生もまた，そう考えていた。しかしこの文化の皮を被った態度の裏には，強く万能的な母親を演じるがゆえに抱え込みすぎ，虐げられる弱い母親になってしまうという，恐らく澤先生が抱えているパターンと痛みが隠れているのではないかと心理士には感じられた。このように，⑮〜⑰は大久保先生と澤先生それぞれの個人的な葛藤の綾が，そこにいる誰にとっても十分意識されないままに排出されていると考える。また，本田先生はほとんど言葉を紡がなかったが，彼の動揺したような表情はまさに普段の無表情な仮面を脱いだ姿であり，そのままの彼の不安が表出されたものと感じられた。その意味で，ここで排出されているβ要素は，ナオミのβ要素というより，ナオミに影響されて賦活された個々の葛藤や不安が綯交ぜになってβ要素，すなわち思考されないままに排出されているものと理解する（図7.2-4）。

そしてこの⑮〜⑰で心理士は希望を感じ始めている。この希望はブランクら（Blanck & Blanck, 1994）の「攻撃欲動が敵意を帯びた転移」か「分離した同一性に向かう動き」か区別することが重要だという指摘における，後者であることを表すものと分析する。彼らが怒りを表現するプロセスにおいて心理士は，「そんなことを感じていたのか」とそれぞれに対する理解が深まるように感じたり，彼らの心的世界にかかわる連想が広がるような体験をしていたことから，それぞれの個別性がより明瞭になったものと理解したためである。

また図7.2-4，5に示されたように，集団のバウンダリーが強化されることで，それぞれの抱えているβ要素や不安を解釈することなく，集団において抱えることができた。体感としては，味わったという方が適切かもしれない。

事例㉒で心理士は「疲労感，嫌な気持ち，無力感を抱えつつ帰った」が，どうやら他の3人もそれぞれにモヤモヤした気持ちを抱えながら帰ったようであった。また，事例㉒の大久保先生の心理士への発言と澤先生の「やっぱり1人で頑張る」という心理士への耳打ちは，抱えきれない β 要素の心理士に対する排出だったと感じる。グループ全体として β 要素を抱え，モヤモヤした気持ちになったが，それでも最後に心理士にある程度抱えさせようとしたのだろう（図7.2-6では心理士の β 要素が少し多く記されている）。これらのことから，心理士は，2回目のミーティングにおいて多く介入することはなかったが，集団の中に浮上した β 要素を相当に抱え，それに耐えていた。ひいては教員3名もそれぞれに β 要素を抱え耐えていたものと推測された（図7.2-6）。

その後の過程において，急激なナオミの変化が訪れた。すなわち，それまで沢村先生のみに向いていた攻撃が，大久保先生や本田先生にも向けられたのだ。この力動の要因を本論では以下のように推測する。すなわち，本田先生や大久保先生がコンテイナー足り得る存在に変化したとナオミが感じられたからこそ，ナオミはそれぞれの教員に情動の嵐を吹き荒れさせることができるようになったのだと。このことは，教員3人それぞれの α 機能が回復したことを示していると言えるだろう。そして，その後澤先生は，心理士にたびたび相談するという形で，心理士をうまくコンテイナーとして利用しながら，自らの α 機能を維持しナオミを成長させていった。これは先行研究のEMADISに示されたプロセスと一致するものである。

3．夢想を強調する臨床的意義

さて，冒頭に立てた問いに戻ろう。α 化のプロセスに立脚して構成したEMADISにおいて α 機能の因子とされる夢想を改めて強調する必要があるのかどうかである。そして本事例では，不安や言葉にならないモヤモヤした不快感を皆意識化し，身体感覚を伴って経験したものの，それを皆処理しようとせず耐えたことが，それぞれの α 機能の回復につながったものと考えられ

た。これは夢想をすれば必ずそれがα化に繋がるという意味ではない。

　一方，α化を強調すれば，私たちはα化，つまり解毒を急いでしまうかもしれない。それは解毒ではなく，表面的な問題解決をいつのまにか求めてしまうことにすり替わってしまうかもしれない。学校は即時的解決法が強く求められる場である。α化を急げば夢想は起こらない。夢想が起こらなければ，α化は起こらない。この負のサイクルが起きているのがストレスを抱えた学校現場の1つの姿だと言えるのではないだろうか。

　蛇足かもしれないが，筆者の体験もここに示したい。筆者もこの事例に出会って数年が経ち，一連の研究を始め，あちこちで発表し，論文を書くことを繰り返したが，すっきりすることはなかった。今ではすっきりすることに意味があるのかすら疑問になっている。ただ，皆が持っていたモヤモヤに強烈に印象付けられ，そのことを何年も考え続けること，歪めないこと，捨てないことには，何らかの意味があったと確信している。意味があった——どのような意味なのかはっきりしないし，させたいともあまり思わないのだが，ただ確実に言えるのは，私たち——つまり，心理士と知的障害特別支援学校でともに奮闘してきた先生たちは，「あの子は難しい子だから」とか，「自分は能力がないのではないか」というような，**無意味な悪者づくりをしなくなった**。さらに言えば，**おおらかになり，ネガティブな気持ちを軽く話せるようになった**。これらの小さいけれど大変な変化を思うにつけても，夢想という用語を使うことによって，処理を急がない，わからないことに堪え，思い巡らし続けることの意味を強調することは意味があるのではないかと実感するのだ。

4. 心理士の安心感と集団の寄与

　とはいえ，このような病理的な集団力動の中で，個々の夢想を支援するというのは容易なことではない。教師たちの夢想する力を支援するためには心理士自身が夢想することに耐え続けることが必須であることは言うまでもない。ここでは，この心理士自身の夢想を支えることに焦点を当てて考えてみ

たい。

　夢想とは思い巡らしている状態を描く用語であるが，これを維持するこころの能力に，第6章でも触れたネガティブ・ケイパビリティがある。前章では教師のネガティブ・ケイパビリティについて示したが，ここでは心理士（あるいは支援者）のネガティブ・ケイパビリティの話である。前章でも示したように，ネガティブ・ケイパビリティは「安心」と「忍耐」に支えられるものである。実際のところ，心理士はこの集団に介入するのはとても不安だった。ナオミさんも怖いし，先生たちの仲も悪いし，男性の先生たちからは敵意を向けられているように感じるし，心理士も男性の先生たちに腹が立つ。しかし，介入しなければならない。

　一方で心理士は，集団精神療法を実践する者でもあり，集団状況というのが心理士としての自分を支えるのに役に立つことを体験としてよく知っていた。そのために心理士は，個別に対応するのではなく集団状況を使ったということもあったのだろう。そのような中で，実は心理士は教師たちが個々に安心感を持って話せるようになっていくための，それまで散々使い慣れた技術を使いながら会議を始めている。つまり，集団状況という心理士にとって安心感を持てる場面を利用して，安全な設定を作っていたのである。

　そのような中で心理士は，3人の様子をよく観察することができた。彼らはこころに溜めているものを少しずつ表現し，個別性を増していった。徐々に彼らの語ることが，「なるほど，よくわかる，そういうことだったのか」という実感をもたらす質のものに変化していくのだった。3人に対しての気持ちが徐々に中立的かつ希望に満ちたものになっていくのを感じられた。心理士に向けられる怒りは疲労こそすれ，彼らの分化の指標として喜ばしく受け取ることができるものだった。このようにプロセスの中で教員たちが彼ららしくなっていく様を追い続けられたことが心理士のさらなる安心に繋がった。だから心理士はたとえ，「意味がわからない」と直接反論されても，一貫して「この会議には意味があった」と言い続けることができた。

　そうは言っても，投げつけられるものは大変に重く，心理士の体感からす

ると自分1人で抱えたという感覚ではなかった。まさに図7.2-5にあるように，心理士が抱えるのではなく集団が抱えたからこそ可能となったと考えられる。集団の抱える力が心理士の安心感を一部支えたものと理解できよう。そして，この心理士が1人で抱えたのではないという体感が，「集団の」夢想という暫定的かつ直感的な用語の源泉となったのではないかと振り返る。

　また，これは推論に過ぎないのだが，3人の教員たちもまた集団状況であったからこそ夢想が支えられたと筆者は考えている。つまり，集団状況が教員たちに夢想のための安全感を提供したという仮説である。ここには集団の持つ抱える力も寄与したであろうが，自分以外の他者が，非合理的で感情的な声を発するのを見聞きし，自分もまた他者のいる場でそれらを発するからこそ，自分の中に確かに即時的な解決の難しい混沌としたものがあることを，より容易に認めることが可能となったのではないだろうか。

　このように書き進めてみて，ある学会での発表で会場の先生から問われたことについて思い出した。今ならやっと答えられそうである。その質問は，「私だったらナオミさんに直接アプローチするが，なぜ先生集団にアプローチしたのか？」というものであった。その時は確か，もっとも問題解決に対する動機が高いのが澤先生であると査定したため，そして，組織論的な精神分析的アプローチでは，まず病理的な集団力動を修正するのが先であるという，四角四面な回答しかできなかったように思う。今ならもっと素直にこう答えるだろう。そっちの方が私は得意だし，安心してできると確信したからです，と。

[コラム]
悪者になる母親たち

　第7章で澤先生がスケープゴートになったことから連想する2つのことを書いてみたい。
　1つ目は特別支援学校教員や，児童福祉施設職員などに対する研修の場で，「母親が変わらなくて……。母親とどうかかわればいいか」という質問を受けることが多くあることである。質問に対してはこんな風に答えることが多い。
　「母親と会って話している時にこどもの味方になりすぎていると，お母さんにしてみたら先生は自分の味方じゃないと思ってしまうことがありますよ。せめてお母さんと会っている時は，目の前にいるお母さんの心情を理解しようと立ち位置を変える必要があります」。
　このように答えると，意外なほど驚かれる。しかし，「あなたは良い子育てをしていません」という態度でいる教師の言葉を聞こうと思えるほど母親の心が広かったら，そもそも問題も起きていないだろうと思う。少なくとも母親としての私自身は，そのような先生と話を穏やかにできるほど心が広くない小人である。
　子育ての責任は基本的に母親にあるという言説を無自覚に信じすぎているから，子どもの落ち着かなさや不遇を目の当たりにすると母親に対して批判的な目を知らず知らずのうちに向けてしまうのだろうか。
　もう1つは，こどもを援助する立場の人たちが，かなり簡単に「母親が悪い」ということが多いということである。母親が悪いという魔法の言葉を使うと，何か物事がスッキリ分かった気がするのか，それ以上考えることをや

めてしまう教師や支援者も多くいるように思う。つまり，その魔法の言葉は教師や支援者のネガティブ・ケイパビリティを損なわせるのである。臨床心理を専門にする者ですら，あまりに簡単に母親がネグレクト的だったとか結論付けるのを聞いていると，もはやこどもを援助する立場の人の一部は，そのような思考が癖になっているのではないかとすら思う。いや，これらは結局，教師や支援者，心理士が，母親に甘えて責任を回避しているということなのかもしれない。これもまた，言説を信じすぎているからなのか，あるいは，ただの思考，想像することに対する怠惰なのか。

　どうして，その時母親がうまくこどもを育てられなかったのだろう，と母親に思いを馳せようとしないのだろう。全ての親たちが気持ちよく子どもとかかわれる日と，子どもから逃げ出したくなるほど子育てに辛さを感じる日を繰り返しているだろうに。そこに助けてくれる家族や親族がいたのかと想像しないのだろうか？　あるいは，自閉などの発達障害を持つ子どもと一日中家にいることを想像し，母親の体験するであろう感覚を想像しただろうか？私たちは無意識的に，母親は子どもを産んだ瞬間に完璧な子育てをする能力を持っていると信じているのだろうか。あるいは，私たちはいつまでも，自分の母親が，自分を憎んだり疎ましく思ったりしたこともあっただろうと想像しないまま大人になろうとするのだろうか。

　私の会ってきた母親たちは，本当に小さなボタンの掛け違い，例えば，母親の完璧主義で子どもの反抗に耐えられなかったし，反抗に耐えられない，良い母親像からかけ離れた現実の自分も完璧主義ゆえに許せず，孤立感を抱え，子どもに虐待的な態度をとってしまったとか，発達に遅滞が見られた自分の子どもの養育について適切なアドバイスを得る「人に頼る力」が弱くて不適切な養育をしてしまったとか，もう少し家族や専門家の適切な助けがあったなら防げた不適切な養育もあっただろうに，と思う人たちがたくさんいた。あるいは，周囲からのこころない仕打ちや，防ぎようのなかった事故から子どもを守れなかったとひどく自分を責めるために，かえって過保護になってしまう母親もいた。つまり，彼女たちは孤立していたがために，1人で頑張

ろうとしすぎたがために，かえって困難な子育てに身を置くことになっていたのである。

　さて，母親を悪者にして，教師や支援者が子どもにとっての良い親のように振る舞う抱え込みによって解決するケースはほとんどない。母親が本当に悪者なのであれば，子どもに対して母親をはっきり諦めさせ，社会とつながって生きていくことを推し進めていく介入をしなければならないけれど，母親が自分の愛情に素直になりながら，子どもに接することができ，また子どもも母親への愛情を素直に伝えられる関係を構築していけることが大切なように思う。そしてまた，その素直な愛情関係は父親や祖父母といった家族によって育まれる環境的な側面が多々あることも重要であると思う。

　澤先生とナオミさんは，ナオミさんがあまりに荒れるので澤先生が悪い先生（悪い母親）だと責められたわけだが，そうではなくて，澤先生の前で荒れることができるのは，澤先生がナオミさんにとって安心できる人物であり，ナオミさんを成長させてくれる人物だったからだというのは第7章に描いたとおりである。澤先生はこの悪い母親像を生き延び，良い母親としてナオミさんを成長させることができたのだが，私たち支援の場にいる者は，簡単に母親を悪い母親にし，母親が悪い母親を生き延びて良い母親に転換することを妨げていないか，今一度振り返る必要があるのではないだろうか。

　母親を代表する，子どもの養育の責任を持つべきであると見なされやすい者（あるいは自分でもそう信じている者）に対して（教師，保育士，医師，看護師，心理士など様々な職種がその立場に置かれることもあるだろう），「どうしてその人は，こどもとうまくかかわれないのだろう」と思いを馳せると同時に，「どうして私はこの人を，養育の責任があるのにそれを果たしていない，と責めたくなってしまうのだろう」と，相手と自分自身に対して関心を向ける内省の空間が得られると，私たちは新たな希望の形に辿り着けるかもしれない。

第8章

その後の話：
みなさんに伝えたい書き残していること

さて，ここまで何人かの先生たちが登場したが，まずは澤先生と田原先生（第3章でユウキ君の担任として登場した男性教員）のその後のことを書いてみたいと思う。

澤先生のその後

ナオミさんを送り出して，また澤先生はなかなか難しい中一女子の担当となった。小学部から同校に所属していたユウコさんであった。彼女もまた特別支援学級や家庭の中で傷ついた少女であった。筆者が初めて見た時ユウコさんは，廊下でぬいぐるみを抱いたまま周囲を恨めし気に眺め，時折ぬいぐるみと会話していた。知的障害もあったが社会適応上の大きな困難は回避傾向と場面緘黙にあった。彼女は学校行事はおろか，授業も全く参加できなかった。教師たちは無理に参加させようとはしなかった。参加させようとすると往々にしてパニック状態になるためだった。

澤先生がユウコさんの担任になった年の5月ごろ，ちょうど学校も落ち着きを見せてきただろうか。休憩している筆者に対して少し遠慮気味に，「ちょっと時間ある？」と澤先生がやってきた（彼女はいつも遠慮気味なのである）。いつものようにチョコレートやコーヒーを携え，「ねえ，ちょっと見てほしいんだけどさ」と紙を見せてくれた。それは図8.1のような表であった。

目標：朝トレ参加　　給食を友だちと一緒に食べる　　授業に入る　　私との間の安心感のあるやり取り

日付	できごと	対応	思ったこと	できるようになったこと
4月16日	朝トレに誘ってみると、「嫌で すっ」とキレして、その後、「そ ういうこと言うのはだだだですね！」と足を踏み鳴らして いる。	えー、気持ちいいのに〜。先生、 走るの見られるのはずかしいから、 みんなが戻ったら一人で行っちゃ おうかな〜と言ってみたら、つい てきた。走らないけど、私が走る のを見てた。	意外と来るんじゃん。かわい いなと思った。	朝トレ△・給食・授業・(安心)
4月16日	××君が、こっち向くとなと 言ったら、自分の頭を殴り始 めて、「あなたは良くない、良 くない」とつぶやいていた。	ユウコさんは先生のかわいい 子ですよ。どうに殴る手を握っ て止めた。	あなたは良くないと言われて いたんだろうか。胸が痛かっ た。そういう人がこの中に住 んでいて喋るのだろうか。	朝トレ・給食・授業・(安心)
4月16日	給食の時間になると図書室に 一人で行ってしまう。一緒に 食べようと誘う。	不安だったけど、中に食事を 運んでしまった。そこから ま抜け出せなくなると思っ た。出てきてくれて、教 くれて、出てきて私と一緒に教 室のカーテンの中で食べた。	不安だったけど、中に食事を 運んでしまった。そこから また抜け出せなくなると思っ ても、出てきてくれて、やっぱりおなか が減るよね、たくさん食べた。	朝トレ・給食△・授業・(安心)
				朝トレ・給食・授業・安心
				朝トレ・給食・授業・安心
				朝トレ・給食・授業・安心

図8-1　澤先生の考案した記録表（内容は架空）

実は筆者は，教師たち，あるいは保護者たちにコラム「見通しを立てること」に示したような記録をつけることを推奨していた。もともと遠隔地との心理療法のために考案された方法（川村・小谷，2010）だったのだが，それを簡便化して紹介していた。これは客観的事実と主観的事実を分けて記録するものである。心理療法の原理についてご存知の方はピンとくるだろう。私たちは物事を捉える時に，情動などの主観的体験が強くなりすぎると客観的に物事を捉えるのが難しくなる。どんなに精神的に健康な人であっても，余裕がなければそうなってしまう。けれど，余裕がないために物事の捉えが混乱しているだけならば，意外とこのような記録をつけるだけで，自分も子どもも落ち着いたり，教師や保護者自身も問題が見えたりするのだった。（しかし，この勧めを澤先生にしたかどうかは覚えていない。もしかしたらご自身で自然に見つけたのかもしれない）。

　筆者は，この表を見て実に感動した。まず，ユウコさんをよく見て，感じて，立てたのだと思われる短期的具体目標を表のトップに記述していることに感銘を受けた。このように目標を各記録用紙のトップに記述するやり方は澤先生のオリジナルだった。「目当て」を上手に使う教師らしさが実にうまく表れている。そして，こうしていれば確かに進むべき方向を見失わない。

　また，書かれている内容にも感動した。澤先生は常に彼女の新しい動きを捉えていた。昨日，半日前，いや，1時間前の彼女にすらとらわれず，今，目の前の彼女に対し，澤先生自身が驚きと関心を常に持ってかかわっているように思われた。小さな子どもの子育ての中で，子どもは刻一刻と変わっていくけれども，その1つ1つの大事な変化を見逃さないようにする愛情深い母親のように。

　筆者はほとんど中身に触れなかった。そして，「いいじゃん！」と言った。「えー，よく見た？」と澤先生は笑ったけれど，「こうやってユウコさんのこと見てくれる先生が現れて，ユウコさん，良かったね。澤先生の方が私よりユウコさんのこと100倍わかってるんだから大丈夫だよ」と言うと，そっか，そっか，と澤先生も笑った。

そして，澤先生は毎日毎日この記録をつけた。筆者が教室の近くを通り過ぎると，「ちょっと来て」と手招きをしてユウコさんの様子を見せてくれた。たまにしか見ない筆者からすると，ユウコさんは見るたびに激変していた。教室で座って授業を受けている。日直をこなす。他の生徒と突き合って笑うなどなど。澤先生に悪戯する。このような変化がたった数カ月で起きるものだろうか？

　やはり澤先生は時折チョコレートとコーヒーを携えて筆者のもとにやってきた。そして，「ここまでできるようになったから，次はどんな目標にしようかな」と，たいてい目標について話し出した。あるいは，「この間ユウコさんたら，私のこと教室から締め出したのよ〜」と，かわいくて仕方ないというように報告した。筆者はただただ，「いいねえ，いいねえ」と愛情のご相伴に預かっているだけだった。

　もう1つ，筆者の印象に残った出来事があった。発表するにあたり，澤先生に原稿を見せたのだ。本書の第1章や2章，あるいは7章も。実のところ筆者は7章について澤先生はどう思うだろうと少し心配であった。澤先生があのスケープゴートに傷ついたのは確かであり，それでもその後，筆者との協働のもと，大変な努力をその後積み重ねたのも知っている。その筆者が，スケープゴート力動についてかなり中立的な見方をしていることや，澤先生の内的な力動も関与している部分があったであろうことを指摘していることはいろいろな思いを引き起こすだろうと感じた。

　読んでもらった後，出校した時に澤先生に会うことができた。「原稿どうでした？」と聞いた。少し複雑な顔をして，難しいからゆっくり読んでるんだけど，でもやっぱりあの時は本田先生や大久保先生に腹が立ったんだと答えた。筆者は，率直なことを言ってもらえて，少しほっとした。その後何度か，感想を聞いた。そして数カ月経った後，年度末の納会の別れ際に澤先生は「まあ，本当にね，いろいろあったよ。私もまだまだだなって思ったし，でも結構私もまだ成長できるんだなって思ったよ」と笑った。その言葉に，第7章に描かれた体験をまた1つ乗り越えた澤先生の心情を感じることができた。年

度末がその言葉を導いたのかもしれない。私たちの協働に1つ区切りがついたと感じられた瞬間だった。さびしいけれど，私たちは一仕事したな，と，その時改めてしみじみ感じることができたのだ。

田原先生のその後

　今度はユウキ君に対して「覚悟している」と能動的かかわりをしてきた田原先生の話である。第3章で新任教員として描かれていた男性教諭である。思い出されただろうか。
　田原先生はユウキ君が中二の時も担任になった。今回は新任の先生を迎える側の立場であり，主担任であった。まさに教員は，新任であれ教員になった時から一人前の教員という文化を感じずにはいられない配置である。しかし，マンパワー不足の特別支援学校では仕方がない。よくあることかもしれない。
　中1の一年間を経てユウキ君は大変安定していったし，ユウキ君を育てたということで学校全体の田原先生への信頼感も相当なものであった（また，田原先生は稀に見るレベルの好青年であった）。加えて，この学年に新たに配置された教員たちは皆，真摯で子どもたちのこころを大切にしようと丁寧に物事を進める先生たちでもあった。そういったことからも，どこか田原先生たちに「おまかせ」の流れができてしまったのかもしれない。もちろん，学内で田原先生らのこの学年の先生たちとすれ違えば，「最近どうですか？」と声はかけるけれど，「大丈夫です」との返答を得て安心し，筆者は特にこの学年の観察に行ったりしないまま，夏休みが明けた。しかし，こちらが「大丈夫でしょ？」という雰囲気を出して「どうですか？」と声をかけている限り，「大丈夫じゃありません」とはなかなか言えなかっただろう。実にこの時，すでに大丈夫ではない状態が始まっていたらしいのだ。
　2学期になり田原先生に会うと，「最近これまでのユウキ君とのかかわりをまとめて書いているんです。今度見てください」と言う。おや？　と思った

が，主体的な取り組みで良いなあと思い，ぜひぜひ見せてくださいと伝えた（ここで，最近どうなのか聞かなかったことも，筆者の痛恨のミスとしか言いようがない）。その1カ月後，外部で行われた筆者の講演会にも田原先生は顔を出していた。

　11月になると，ユウキ君が一年の頃に田原先生と組んでいた女性教員の長澤先生が筆者のもとにやってきた。「田原先生，だいぶ疲れていると思う。ちょっと話聞いてあげて」。筆者は田原先生に声をかけたが，「だいぶ疲れました」と言うものの，やはり笑顔であり，相談にはやってこなかった。そこから何度かコーディネーターにもあの学年のために時間を割かなくてはと伝え（その頃，他の学年の介入にほとんどの時間が割かれてしまっていた），そして年明けに，この学年の教員たちがそれぞれ相談にやってくることになった。そこで初めて，ユウキ君をめぐって田原先生も田原先生と組んでいる新任教員も疲れ果てていたことが語られた。新任の女性は，それこそユウキ君が小6の頃を思い出すような，卑猥な言葉がけなどの標的になってしまっていて，もう涙が止まらなかった。学年組織のチームワークも混乱していた。田原先生は抱え込み状態に陥っていた。自分が見ていないとユウキ君が周りを傷つけるのではないかと日々心配して行動していたのだった。完全に孤立状態であった（第3章，第6章参照）。けれども，田原先生は自分でも孤立状態に陥っていることに気づいていた。田原先生は，泣き笑いだった。「先生の論文にも書いてましたけど，また，孤立化しちゃいました」。**わかっていても，そうなってしまうのだ。**何かが崩れると，昨年同じ子どもにできたことができなくなってしまうことがあるのだ。特に，この学年の先生たちのように，真面目で真摯で，優しくて，他の先生たちへの配慮が強い先生たちであると，周りも任せて信頼してしまうし，本人たちも責任感の強さから弱音を吐けないで，チームの分断や孤立，抱え込みが助長されてしまうように思う。第6章の結果図を改めてそんな目で眺めてほしい。何が崩れるとまた，孤立に戻ってしまうのか，と。そう，チームの中で話ができなくなると，子どもたちとの2人ボッチ状態に吸い込まれるように落ちていくのである。

初めは別々にやってきた先生たちだったが，また学年の先生たちを集めて，話し合いを行うことにした。こういう先生たちなので怒号は飛び交わなかった。けれど，「僕はこう思う」「私はこれが何で？って思う」と，それぞれの思いをシェアできる場となった。1人の男性の先生がこんなことを言った。
　「やっぱりね，どんな先生も自分がこうしたいっていうのがあると思う。自分もね，こういう方針でやろう，ってしている時に，他の先生が横から入ってきたら，ちょっとイラっとするからね。特に，ユウキ君に関しては去年からの流れがあるんじゃないかなあ，って気を遣っちゃったんですよ。昨年見ていない僕のわからない方針があって，こうしてるのかな，とか。だから，こんなふうにしたらどうだろうって思うことも言えなかった。だからね，田原先生たちも，助けてとか，手伝ってとか，もっと言ってほしい。邪魔になったら困るし，でも僕たちだって助けになりたいんですよ」
　本当に率直な言葉だと思う。教師であれば，この言葉に頷く方も多いのではないだろうか。お互いに気を遣い合っている教師たち。真面目だからこそ困っていそうな先生を手伝いたいけれど，何をしたらいいのかわからない，良かれと思って邪魔になってはいけないと心配して手伝っていいのかすらも，わからない。
　この遠慮深さに見るような教師間の風潮は簡単には修正されないだろうと思う。おそらく教育がシェアされた技術や理論よりも，個々の「教育力」と（第6章のそれとは違う意味で）仮に呼ばれるような個人の力に依る部分が大きいとどこか信じられている限りにおいて，教師たちはお互いを邪魔してはならないという幻想に苛まれ続けると思う。そういう何か文化的な力を壊すのは大変なことだ。だからまずは，小さなところから始めてほしい。そう，困ってしまったら，「辛い」「困った」「助けて」と言ってみるのである。それは，第3章，6章に示したように，口に出すことから始まる。もちろん，勇気を出して言葉にしてみても，それが虚しく響く時もあるだろう。現に，勇気を出して言ってみたのに，全く受け取ってもらえなかったという経験を持つ先生がいないわけではない。けれど，それが誰かに届くまで言葉にし続けて

みてほしい。きっと周りには助けたいと思って見守っている同僚がたくさんいるだろうし，視野狭窄状態から抜け出してこころを整えるのにきっと役立つだろうから。

ただ，1つ，田原先生の名誉のためにも書き加えておきたい。その後久しぶりにユウキ君のクラスに観察に行ったのだが，ユウキ君は中1の頃よりも断然成長していた。彼自身が家に帰りたいのに帰れない状況についての戸惑いや不安を表現できるようにもなっていた。彼とやり取りしていると，現状についてのわからなさや不安，寂しさを，乱れることなく伝えられる力がついていることに驚いた。田原先生がずっと傍で彼のβ要素を処理し続けてくれていたのだろうと感じられた。2人ボッチによってユウキ君自身は大変成長していたのである。

かと言って，じゃあ，いいじゃないか，ということではない。田原先生が倒れてしまったり，ユウキ君を捨てたくなってしまったら，結局また養育者との間に起きた分断を繰り返してしまうことになる。ユウキ君はまた，信じてβ要素を排出していた対象から拒否される体験をしてしまうことになる。だから，田原先生はこの関係を生き延びなくてはならない。けれどもそれは，他の教師集団から孤立しながらでは大変難しいことなのだ。

また，ここは学校である。ユウキ君はもちろん親との関係の中で多くの遣り残しを抱えているだろうが，思春期の男の子として，仲間関係の中で成長するべきことは体験させないといけない。そのために教師の協働が重要であることは第6章からも示されたとおりである。そして，ユウキ君にとって仲間が必要であることについては，もちろん田原先生自身も気づいていた。そして同学年の他の先生たちも。こういった話し合いを率直に重ね，そして彼らはこんな決断をしたのである。「みんなが安全に成長するための男子クラスを作ろう」と。先生たちもワクワクしているようだった。全員で一緒に風呂に入って性教育をしようとか，気になる女性の話をここだけの話って言いながらしようか，などなど。女性クラスの先生たちは，「なんか，男子クラスで楽しく話し合いしているよ」「また，孤立しないように見守ってやらなきゃ

ね」なんて言いながら楽しそうである。そう，楽しみながら教育をする，それが一番だろう。きっと来年度はうまくいく。

教師支援から保護者支援へ

　第1章の体験をした頃から短くない年月が経ち，ここに登場した先生たちも子どもたちもほとんどがもう新たな場所へ旅立っていった。けれども，毎年本書に示したような状況は繰り返されている。……いや，この4月はそういった相談がほとんどなかった。「今年の4月は穏やかですね」というやり取りから今年度は始まったのだ。ナオミさんやハルト君，ユウキ君のような子どもたちがいなくなったわけではない。子どもたち同様に先生たちもまた入れ替わっていくけれども，先生たちが残したものが確実に学校の中で積み上げられているということであろうか。このことを筆者は非常に喜ばしく感じている。

　さて，ここまでお読みになっていただいておわかりの通り，教師というのは大変真面目な生き物である。子どもたちに難しさを感じなくなっても私に相談に来てくれる。今度の相談は「保護者」のことである。そして，私自身も，保護者の支援に関心を持ち始めている。

　どこの学校に行っても，保護者の相談を持ち掛けられる時，家庭や保護者の問題事象の記述から始まる。連絡がとれない，家に帰らない，いつもいっぱいいっぱいで怒鳴っている……。おそらく先生は，こんなに大変な親御さんなのだと心理士が実感するよう説明しようと試みているのだと思う。筆者はたいてい，こんなことを呟く。「私たち学校にできることって何でしょうね」あるいは「私は先生にどんなアドバイスをすると，先生のお役に立てそうかしら」。

　山下先生は大変勘が良かった。山下先生が家族の大変な状況を話した後，筆者が「学校にできることは何かしらね。私に相談して先生はどんなことをわかりたい？」と伝えると，「私，お母さんに寄り添いたいんです！」と即答

した。山下先生の率直さに感心しながら，筆者は「寄り添うって何かしら。先生がお母さんにして差し上げたいイメージもっと教えてください」と伝えた。山下先生は悩み始めた。そして「お母さんが弱い気がして。もっと私に頼ってほしい」と言った後，「でも，そんなに頼られたら大変ですかね」と笑った。無意識の空想と現実が出会った瞬間である。筆者はその保護者の子どもが，いわゆる問題児ではないことを伝え，「だから，お母さん，いろいろあるけれど，ちゃんと子どもを愛して育てているんじゃないですか？ この環境の中であんなに愛され力のある子どもを育てるってすごいよね。けれど，こちらが問題のあるお母さんと思ってみていたら，きっとお母さんは先生にこころを開かないよね」と伝えた。

　山下先生は勘がいい上に，素直である。「私，子育ての大変さとか知らないから……駄目だなあ……」と呟いた。私は山下先生のその言葉に驚いた。確かに子育てをしているから母親の強さや逞しさについて思い当たる部分もあるだろうけど，私の理解する限り，それは子育てしている，していないの問題ではない。そして，保護者にかかわる相談を受けた多くの場面で繰り返し話してきたことを，山下先生にも伝えた。

　「先生たちは，自分の生徒たちがかわいいでしょう。まるで自分の子どもみたいにかわいいでしょう。だから，その子どもを傷つける人がいるとか，不幸な環境に置かれているなんて許せないよね。それがたとえ，子どもの親であっても。だから，先生は，子どもが大事であるがゆえに，保護者と敵対してしまうこと，よくあるんですよ。よくあるの。でも，子どもたちは，先生のことも親のことも好きでしょう。先生と親が敵対すると，しんどいよね。仲が悪い両親の子どもみたいなもんで。だから，私たちって保護者を悪者にしがちなんだけど，こんなに私が情を感じるかわいい子を育てた親御さんは，きっと愛情をたっぷりかけて子育てしたんだろうな，って思ってみるといいかもね」。

　それを聞いて山下先生は，できそうな気がする，と言った。加えて，「私，このお母さんに似ている気がして。私が弱いから」とも。

こんなに率直でこころの力があって，愛情深い山下先生と似ているのなら，語られている保護者もまたきっと素晴らしい人であろう。この保護者に筆者は会うことはなかったけれど，山下先生とともに，児童を立派に育ててくれると確信した瞬間であった。
　教師が保護者にできること，それは同じ子どもを育てる者同士の協力関係を結ぶことである。しかし，子どもが問題児だと思われているほど，あるいは，家族そのものがトラブルを抱えていて引け目を感じているほど，保護者は教師を恐れる。自分が良い保護者ではないと非難されるのではないかと感じるし，どうせわかってもらえないと感じる。この構えが維持されている限り，協力関係は決して結ばれない。教師が子どもの側に立って，保護者に対して批難の目を向けてしまうような構造になっている場合，子どもの味方の立場から，いったん降りるといいだろう。保護者－教師－子どもの三者関係の中に敵味方の構造を作ってはならないのだ。保護者－教師，教師－子ども，保護者－子どもの3つの関係全てが，協力的関係になるよう努めなくてはならないのだ。そのためにできるまず1つ目のことが，良い，悪いという価値判断から自由になり，つまり超自我的（コラム参照）にならずに，保護者の体験していることに興味を示そうとすることである。コツは，保護者は子どもを大事に思っているという前提から始めることかもしれない（話しているうちにそうでもない，と気づくことがあるかもしれない。それでも，まず相手を疑ってかかっては，相手は率直な話をしてくれない）。そのうえで，大事に思っているのにこの状況は辛いだろうな，大事な子どもをうまく育てられないって苦しいだろうな，といった，保護者が生きている情緒世界への想像を膨らませながら話を聞くと，山下先生が言ったような「寄り添う」ことにつながっていくのかもしれない。

おわりに

　こうやって本書を綴る長い道のりが終わりに近づくに連れ，ここに書いた全ては，ともに奮闘した先生たちへの手紙であり，本の向こう側にいるであろう私たちの仲間へのエールであったとつくづく思う。
　一方で，私自身は本書に綴られた私からはすでに遠ざかりつつあるような感じもする。それは特別支援という場から遠ざかっているという意味ではなく，このような思考を紡ぎ出す過程において，多くのことを学び多くのことを考えたため，もはやその時の自分を別人のように感じるという意味である。結局，論文や書物というのは，その書き手の足跡なのだろうし，自分の思考史を編纂し続けているようなものなのだろう。
　このような「手紙」のpostman役を買ってくれた金剛出版の弓手正樹氏には，一度パーティの場でお会いしただけの縁であったにも関わらず，出版までの間多くの労を執ってくださったことに対して，深く感謝申し上げたい。
　さて，この決して楽ではなかったハルト君やナオミさんとの出会いからの道のりにおいて，少しでも意味あるものを生み出せたとしたら，それは間違いなく仲間たちの存在に支えられたおかげである。この短気な私が悩み続けることをできたのは，ルーテル学院大学の石川与志也氏，相模女子大学の荻本快氏のおかげであり，また，本書に登場した先生たちを含む，私に奮闘の姿を鮮やかに見せてくれた先生たちへの尊敬の思いに支えられたものと実感する。この仲間からの支えと，私が孤立感やネガティブ・ケイパビリティに着目するに至ったことは無関係ではないだろう。
　また，読者の方々の多くはお気づきだと思うが，私には子どもがいる。子育てをして，つくづくコンテイン（contain）する母親の力は環境に支えられる部分が大きいのを感じる。もし，我が家の子どもが良く育っているとすれ

ば，それは私が良い母親だというよりは，良い父親や良い祖父母，あるいは，良いご近所さん，良い職場環境など，多くの資源に恵まれていることに依る。このようなことに気づかせてくれた子育て体験が，本書に描かれているような内容に影響しているのは間違いない。特に私のしんどさを日々受け止めてくれる忍耐強く愛情深い夫大橋祥正氏には，心より感謝したいと思う。

　これらの皆に感謝し，そして，また明日から訪れるであろう私の運命と出会いを楽しみに待ちながら，本書を結びたいと思う。

参考文献

Ainsworth, M. D. S., Blehar, M. C., Waters, D., & Wall, S.（1978）Patterns of Attachment: A Psychological Study of the Strange Situation. Lawrence Erlbaum.

赤井悟，生田周二，赤沢早人，柴本枝美（2013）「ケースメソッドによる教師力の育成」奈良教育大学紀要，人文・社会科学62（1）; 219-232.

Anderson, D. K. & White, J. D.（2002）Psychoanalytic organizational theory: Comparative perspectives. Free Associations, 9（4）; 500-525.

Bach, G. R.（1957）Observations on transference and object relations in the light of group dynamics. International Journal of Group Psychotherapy, 7; 64-76.

Bennis, W. G.（1961）Defenses against "depressive anxiety" in groups: The case of the absent leader. Merrill-Palmer Quarterly of Behavior and Development, 7; 3-30.

Bion, W. R.（1961）Experiences in Groups and Other Papers. Tavistock Publications Limited.（ハフシ・メッド監訳（2016）『集団の経験：ビオンの精神分析的集団論』金剛出版）

Bion, W. R.（1957）Differentiation of the psychotic from the non-psychotic personalities. International Journal of Psychoanalysis, 38; 266-275.

Bion, W. R.（1958）On arrogance. International Journal of Psychoanalysis, 39; 144-146.

Bion, W. R.（1959）Attacks of linking. International Journal of Psychoanalysis, 40; 308-315.

Bion, W. R.（1962）A Theory of thinking. International Journal of Psychoanalysis, 43; 306-310.

Bion, W. R.（1984）Seven Servants: Learning from Experience and Element of Psychoanalysis. Jason Aronson, New York.（福本修訳（1999）『精神分析の方法Ⅰ〈セブン・サーヴァンツ〉』りぶらりあ選書，法政大学出版局）

Bion, W. R.（1970）Attention and Interpretation. Tavistock.

Blanck, G., & Blanck, R.（1994）Ego Psychology: Theory and Practice, 2nd ed. Columbia University Press.（馬場謙一監訳（2017）『自我心理学の理論と臨床：構造，表象，対象関係』金剛出版）

Bowlby, J.（1970）Child Care and the Growth of Love. Pelican, 12.

Bridges, K. M. B.（1932）Emotional development in early infancy. Child Development. 3（4）; 324-341.

Caruth, E. G.（1985）Secret bearer or secret barer?: Countertransference and the gossiping therapist. Contemporary Psychoanalysis, 21; 548-561.

Fonagy, P.（2001）Attachment Theory and Psychoanalysis. Other Press.（遠藤利彦，北山修監訳（2008）『愛着理論と精神分析』誠信書房）

Freud, S. Civilization and Its Discontents, Standard Edition. 21; 64-145.
藤岡孝志（2008）『愛着臨床と子ども虐待』ミネルヴァ書房.
福本修（2007）「外傷を巡る言葉：「その戦いからの放免は存在しない」：ビオンの人生とその精神分析理論」日本病跡学雑誌，73; 4-14.
福本修（2015）『精神分析の現場へ：フロイト・クライン・ビオンにおける対象と自己の経験』誠信書房.
Guntrip, H. (1966) The object-relations theory of W. R. D. Fairbairn, in American Handbook of Psychiatry, S. Arieti, Ed., Basic Books, New York, 237.
帚木蓬生（2017）『ネガティブ・ケイパビリティ 答えの出ない事態に耐える力（朝日選書）』. 朝日新聞出版.
片山紀子（2017）「どうしたらチームになれるのか（特集 学校がチームになるための生徒指導体制）」月刊生徒指導，11月号，14-17.
上地雄一郎（2015）『メンタライジング・アプローチ入門：愛着理論を生かす心理療法』北大路書房，28.
川喜田二郎（1967）『発想法』中公新書.
川喜田二郎（1970）『続 発想法』中公新書.
川村良枝（2009a）「現代的病理を呈する困難児童の遊戯療法における治療機序仮説の検討」『精神療法』35（3）; 79-85.
川村良枝（2009b）「人格障害様態を現す重度神経症群の鑑別診断」国際基督教大学博士論文（未刊行）.
川村良枝（2010）「初期過程」『現代心理療法入門』. PAS心理教育研究所出版部，173-181.
川村良枝，小谷英文（2010）「遠隔セラピィ――自己分析力を維持し高めるためのDCシートの利用――」日本心理臨床学会第29回秋季大会口頭発表，東北大学.
川村良枝（2012）「擬似発達障害と心理療法」聖学院大学論叢，25（1）; 31-42.
川村良枝（2013）「重度神経症の恥と自己愛――反動形成から作業同盟形成へ」．International Journal of Counseling and Psychotherapy, 10-11, 81-90.
川村良枝，髭香代子，伊藤裕子（2011）「小集団と心的安全空間」モノグラフICU21世紀COEプログラム「平和・安全・共生」研究教育，117-121
Kernberg, O. (1987) Projection and projective identification: developmental and clinical aspects. Journal of the American Psychoanalytic Association, 35; 795-819.
木下康仁（2003）『グラウンデッド・セオリー・アプローチの実践――質的研究への誘い』弘文堂.
木下康仁（2007）『ライブ講義M-GTA 実践的質的研究法 修正版グラウンデッド・セオリー・アプローチのすべて』弘文堂.
Klein, M. (1946) Notes on some schizoid mechanisms. International Journal of Psychoanalysis, 27; 99-110.
小林朋子（2009）『子どもの問題を解決するための教師へのコンサルテーションに関する研究』ナカニシヤ出版.

Kotani, H. (2004) Safe space in a psychodynamic world. International Journal of counseling and Psychotherapy, 2; 87-92.

小谷英文（2006）「安全空間の心理学」現代のエスプリ別冊，心の安全空間　家庭・地域・学校・社会，小谷英文編，至文堂．

紅林伸幸（2007）「協働の同僚性としての≪チーム≫：学校臨床社会学から」教育学研究，74（2）；174-188．

草野剛（2017）「「一匹狼」の先生をどう巻き込むか：教師間の人間関係スキルアップ（特集　学校がチームになるための生徒指導体制）」月刊生徒指導，11月号，22-25.

Mahler, M. S. (1972a) On the first three subphases of the separation-individuation process. International Journal of Psychoanalysis, 53; 333-338.

Mahler, M. S. (1972b) Rapprochement subphase of the separation-individuation process. Psychoanalytic Quarterly., 41; 487-506.

牧正興（2007）「愛着障害および発達障害の特別支援教育に関する一考察：反応性愛着障害（抑制型）の事例から」福岡女学院大学大学院紀要：臨床心理学，4（1）；59-64．

Miller, C. H. (1979) Aggression in everyday life. The American Journal of Psychoanalysis, 39 (2); 99-112.

三隅二不二（1966）『新しいリーダーシップ――集団指導の行動科学』ダイヤモンド社．

中尾剛久（2011）「教師の抑うつ症状と職業性ストレスの関連について」大阪市医学会雑誌，60 (1-2)；9-16．

Ogden, T. H. (1979) On projective identification. International Journal of Psychoanalysis, 60; 357-373.

Ogden, T. H. (1986) The Matrix of the Mind: Object Relations and the Psychoanalytic Dialogue. Jason Aronson, 154.

Ogden, T. H. (1989) The Primitive Edge of Experience. Jason Aronson Inc.

大橋良枝（2014）「積木を用いたプレイセラピィ技法の心的外傷治療に対する適用可能性」国際力動的心理療法学会第18回年次大会論文集，159-168．

大橋良枝（2017）「知的特別支援学校の混乱に対する臨床介入モデルの精神分析的検討（1）――愛着障害児の投影性同一化と教員の孤立――」聖学院大学論叢，30（1）；65-81．

岡田聡子，小野瀬勇一，佐瀬順一，酒井洋子（2013）「教師のメンタルヘルス・職場環境：座談会　生徒だけでなく先生同士のことも見つめて」月刊生徒指導，9月号，10-15．

Pelled, E. (2007) Learning from experience: Bion's concept of reverie and Buddhist meditation: A comparative study. International Journal of PsychoAnalysis, 88 (6); 1507-1526.

Rado, S. (1956) Psychoanalysis of Behavior. Grune & Stratton, New York, 235-242.

Sandler, J., Dare, C., & Holder, A. (1973) The Patient and the Analyst: he Basis of the Psychoanalytic Process. (前田重治監訳 (1980)『患者と分析者：精神分析臨床の基礎』誠信書房)

Sandler, J. (1987) Projection, Identification, Projective Identification. International Universities Press.

祖父江典人（2010）『ビオンと不在の乳房：情動的にビオンを読み解く』誠信書房.
Stern, D.（1990）Diary of a Baby. Basic Books.（亀井よしこ訳（1992）『赤ちゃんが日記を書いたら』草思社）
杉山登志郎（2007）『子ども虐待という第四の発達障害』学研教育出版.
竹内和雄（2013）「学校教員のメンタルヘルスの危機：危ないのは若手教員だけではない！（特集　職員室のメンタルヘルス）」月刊生徒指導，9月号，18-21.
von Bertalanffy, L.（1968）General Systems Theory: Foundations, Development, Applications. George Braziller, 1968.
Wallin, D. J.（2007）Attachment in Psychotherapy. Guilford Press.（津川豊美訳（2011）『愛着と精神療法』星和書店）
Yalom, I.（1995）The Theory and Practice of Group Psychotherapy. Basic Book.
山本和郎（2000）『危機介入とコンサルテーション』ミネルヴァ書房.
吉岡恒生（2010）「子どもを援助する者の心の傷とその影響」治療教育学研究，30; 13-21.

大橋良枝（おおはし・よしえ）

聖学院大学心理福祉学部教授。公認心理師／臨床心理士

2009年国際基督教大学博士後期課程修了。精神分析的心理療法（個人／集団）を専門とするサイコセラピストとして教育相談や開業臨床施設，知的障害特別支援学校での臨床実践を継続する傍ら，成蹊大学や明治学院大学などでの非常勤講師（臨床心理学），聖学院大学人間福祉学部特任講師の経歴を経て，2018年4月聖学院大学心理福祉学部教授に就任。

趣味は華道（小原流）とピアノ演奏。休日に夫，息子と公園にピクニックするのが何よりの息抜きである育児中の母親でもある。

著書　『現代のエスプリ（504）グループセラピィの現在』（分担執筆［川村良枝］，ぎょうせい，2009），『現代心理療法入門』（分担執筆［川村良枝］，PAS心理教育研究所出版部，2010），『最新 大震災メンタルヘルスケアガイド 不測の衝撃』（共訳，金剛出版，2014）

「大橋良枝の研究室」ホームページ　https://ohashi-lab.com/

愛着障害児とのつきあい方
特別支援学校教員チームとの実践

2019年12月10日　発行
2022年10月31日　2刷

著者──大橋良枝
発行者──立石正信
発行所──株式会社 金剛出版
　　　　〒112-0005 東京都文京区水道1-5-16　電話 03-3815-6661
　　　　振替 00120-6-34848

印刷・製本◉三美印刷　装丁◉臼井新太郎
ISBN978-4-7724-1735-8 C3011　　©2019 Printed in Japan

JCOPY 〈(社)出版者著作権管理機構 委託出版物〉
本書の無断複製は著作権法上での例外を除き禁じられています。
複製される場合は，そのつど事前に，出版者著作権管理機構
（電話 03-5244-5088, FAX 03-5244-5089, e-mail: info@jcopy.or.jp）の許諾を得てください。

PEERS 友だち作りのSST
［学校版］
指導者マニュアル

［著］＝エリザベス・A・ローガソン
［訳］＝山田智子

● B5判　● 並製　● 480頁　● 定価 4,620円

学校現場に特化した友だち作りが身につく全16セッション。
課題をひとつずつクリアしていく実践マニュアル。

［決定版］
子どもと若者の
認知行動療法ハンドブック

［著］＝ポール・スタラード
［監訳］＝下山晴彦　［訳］＝松丸未来

● B5判　● 並製　● 256頁　● 定価 3,520円

子どもと若者の認知行動療法（CBT）に求められる基礎知識と
スキルをわかりやすく解説したCBTガイド決定版。

複雑性PTSDの理解と回復
子ども時代のトラウマを癒すコンパッションとセルフケア

［著］＝アリエル・シュワルツ
［訳］＝野坂祐子

● A5判　● 並製　● 190頁　● 定価 3,080円

複雑性PTSDの症状やメカニズムをわかりやすく説明し、
自分へのコンパッション（思いやり）に焦点をあてた
セルフケアのスキルを紹介する。

価格は10％税込です。